编委会

高等院校旅游管理类应用型人才培养"十三五"规划教材

主编

马　勇　教育部高等学校旅游管理类专业教学指导委员会副主任
　　　　中国旅游协会教育分会副会长
　　　　中组部国家"万人计划"教学名师
　　　　湖北大学旅游发展研究院院长，教授、博士生导师

编委（排名不分先后）

田　里　教育部高等学校旅游管理类专业教学指导委员会主任
　　　　云南大学工商管理与旅游管理学院原院长，教授、博士生导师
高　峻　教育部高等学校旅游管理类专业教学指导委员会副主任
　　　　上海师范大学环境与地理科学学院院长，教授、博士生导师
邓爱民　中南财经政法大学旅游研究院院长，教授、博士生导师
潘秋玲　西安外国语大学旅游学院院长，教授
薛兵旺　武汉商学院旅游与酒店管理学院院长，教授
田芙蓉　昆明学院旅游学院院长，教授
罗兹柏　中国旅游未来研究会副会长，重庆旅游发展研究中心主任，教授
朱承强　上海杉达学院管理学院院长，教授
王春雷　上海对外经贸大学会展与旅游学院院长，教授
毕斗斗　华南理工大学经济与贸易学院，副教授
李会琴　中国地质大学（武汉）旅游系，副教授
程丛喜　武汉轻工大学经济与管理学院，教授
吴忠军　桂林理工大学旅游与风景园林学院院长，教授
韩　军　贵州商学院旅游管理学院院长，教授
黄其新　江汉大学商学院副院长，教授
张　青　山东青年政治学院现代服务管理学院，教授
何天祥　湖南商学院旅游管理学院院长，教授
李　玺　澳门城市大学国际旅游与管理学院院长，教授
何　彪　海南大学旅游学院副院长，副教授
陈建斌　广东财经大学地理与旅游学院副院长，副教授
孙洪波　辽东学院旅游学院院长，教授
李永文　海口经济学院旅游与民航管理学院院长，教授
李喜燕　重庆文理学院旅游学院副院长，教授
朱运海　湖北文理学院资源环境与旅游学院副院长，副教授

高等院校旅游管理类应用型人才培养"十三五"规划教材

总主编 ◎ 马 勇

本教材出版得到南宁师范大学旅游管理省级一流本科专业建设经费资助出版

旅游市场营销
Tourism Marketing

主 编 ◎ 廖钟迪

华中科技大学出版社
http://www.hustp.com
中国·武汉

内 容 提 要

"旅游市场营销"是旅游管理专业的骨干课程之一,它对培养应用型的旅游管理类专业人才意义重大。本教材以我国旅游市场在移动互联时代发展的新形势为背景,系统总结旅游市场营销的基本原理,并联系旅游市场营销的实际应用,进行内容的编排和撰写。内容包括三大模块,即营销基础知识、市场开发能力、营销计划能力。分九章详细介绍旅游市场营销导论、旅游市场营销环境、旅游消费者行为、旅游市场细分、旅游市场调研、旅游营销的"4P"组合策略等,并辅以丰富的案例素材,做到理论联系实际。

本教材可作为高等院校旅游管理类专业的教材,也可供相关旅游工作者参考。

图书在版编目(CIP)数据

旅游市场营销/廖钟迪主编.—武汉:华中科技大学出版社,2020.12(2024.8重印)
ISBN 978-7-5680-1952-1

Ⅰ.①旅… Ⅱ.①廖… Ⅲ.①旅游市场-市场营销学-高等学校-教材 Ⅳ.①F590.82

中国版本图书馆 CIP 数据核字(2020)第 234848 号

旅游市场营销
Lǚyou Shichang Yingxiao

廖钟迪　主编

策划编辑:	王　乾
责任编辑:	李家乐
封面设计:	原色设计
责任校对:	李　琴
责任监印:	周治超

出版发行:华中科技大学出版社(中国·武汉)　　电话:(027)81321913
　　　　　武汉市东湖新技术开发区华工科技园　　邮编:430223

录　　排:华中科技大学惠友文印中心
印　　刷:武汉科源印刷设计有限公司
开　　本:787mm×1092mm　1/16
印　　张:10.25
字　　数:243千字
版　　次:2024年8月第1版第5次印刷
定　　价:49.80元

本书若有印装质量问题,请向出版社营销中心调换
全国免费服务热线:400-6679-118　竭诚为您服务
版权所有　侵权必究

总 序

伴随着旅游业上升为国民经济战略性支柱产业和人民群众满意的现代服务业,我国实现了从旅游短缺型国家到旅游大国的历史性跨越。2016年12月26日,国务院印发的《"十三五"旅游业发展规划》中提出要将旅游业培育成经济转型升级重要推动力、生态文明建设重要引领产业、展示国家综合国力的重要载体和打赢扶贫攻坚战的重要生力军,这标志着我国旅游业迎来了新一轮的黄金发展期。在推进旅游业提质增效与转型升级的过程中,应用型人才的培养、使用与储备已成为决定当今旅游业实现可持续发展的关键要素。

为了解决人才供需不平衡难题,优化高等教育结构,提高应用型人才素质、能力与技能,2015年10月21日教育部、国家发改委、财政部颁发了《关于引导部分地方普通本科高校向应用型转变的指导意见》,为应用型院校的转型指明了新方向。对于旅游管理类专业而言,培养旅游管理应用型人才是旅游高等教育由1.0时代向2.0时代转变的必由之路,是整合旅游教育资源、推进供给侧改革的历史机遇,是旅游管理应用型院校谋求话语权、扩大影响力的重要转折点。

为深入贯彻教育部引导部分地方普通高校向应用型转变的决策部署,推动全国旅游管理本科教育的转型发展与综合改革,在教育部高等学校旅游管理类专业教学指导委员会和全国高校旅游应用型本科院校联盟的大力支持和指导下,华中科技大学出版社率先组织编撰出版"全国高等院校旅游管理类应用型人才培养'十三五'规划教材"。该套教材特邀教育部高等学校旅游管理类专业教学指导委员会副主任、中国旅游协会教育分会副会长、中组部国家"万人计划"教学名师、湖北大学旅游发展研究院院长马勇教授担任总主编。

在立足旅游管理应用型人才培养特征、打破重理论轻实践的教学传统的基础上,该套教材在以下三方面作出了积极的尝试与探索。

一是紧扣旅游学科特色,创新教材编写理念。该套教材基于高等教育发展新形势,结合新版旅游管理专业人才培养方案,遵循应用型人才培养的内在逻辑,在编写团队、编写内容与编写体例上充分彰显旅游管理作为应用型专业的学科优势,全面提升旅游管理专业学生的实践能力与创新能力。

二是遵循理实并重原则,构建多元化知识结构。在产教融合思想的指导下,坚持以案例为引领,同步案例与知识链接贯穿全书,增设学习目标、实训项目、本章小结、关键概念、案例解析、实训操练和相关链接等个性化模块。为了更好地适应当代大学生的移动学习习惯,本套教材突破性地在书中插入二维码,通过手机扫描即可直接链接华中出版资源服务平台。

三是依托资源服务平台,打造立体化互动教材。华中科技大学出版社紧抓"互联网+"发展机遇,自主研发并上线了华中出版资源服务平台,实现了快速、便捷调配教学资源的核心功能。

在横向资源配套上,提供了教学计划书、PPT、参考答案、教学视频、案例库、习题集等系列配套教学资源;在纵向资源开发上,构建了覆盖课程开发、习题管理、学生评论等集开发、使用、管理、评价于一体的教学生态链,真正打造了线上线下、课堂课外的立体化互动教材。

  基于为我国旅游业发展提供人才支持与智力保障的目标,该套教材在全国范围内邀请了近百所应用型院校旅游管理专业学科带头人、一线骨干"双师双能型"教师,以及旅游行业界精英共同编写,力求出版一套兼具理论与实践、传承与创新、基础与前沿的精品教材。该套教材难免存在疏忽与缺失之处,恳请广大读者批评指正,以使该套教材日臻完善。希望在"十三五"期间,全国旅游教育界以培养应用型、复合型、创新型人才为己任,以精品教材建设为突破口,为建设一流旅游管理学科而奋斗!

前 言

本教材是南宁师范大学2019年首批一流课程"旅游市场营销"和广西新世纪教改A类项目"资源共享理念下的旅游管理专业微课化建设研究"的研究成果之一。该课程依托南宁师范大学网络教学综合平台,向旅游管理专业学生开展资源共享和翻转课堂的教学改革实践,以解决:①课时紧张的问题。旅游与文化学院的旅游管理专业在2010年更改为旅游管理(职师)专业后,课时紧张的矛盾变得更为突出。新的职师专业对课程进行了增补,在总学时不变的基础上,增加了教育学、教学论、教育心理学等相关内容,因此大幅压缩了原有专业课的课时,使得实际教学中大部分专业课程都存在课时紧张的情况。②部分课程内容存在交集的现象,如"旅行社管理""酒店管理""餐饮管理""旅游市场营销""景区管理"等课程均存在旅游产品开发、产品生命周期、市场开发与定位等内容。这种相同教学内容的重复性讲解无疑对于教师和学生来说都是资源浪费。因此,自2016年开始,"旅游市场营销"课程以建构主义学习理论为指导,通过知识点的划分重新整合现有章节内容,针对每个知识点制作微课,每个章节按照"章节导学—微课学习—单元小测—延伸阅读及讨论"展开,实施课前线上平台学习,课中难点、疑点解答与练习,课后延伸提高三阶段进阶式混合教学。课程的全部教学资源都上传网络教学平台,学生在课前登录平台查看学习任务单,阅读章节导学—播放微课—完成微练习—记录问题;教师课堂答疑解惑,开展任务实践;学生课后进入平台专题讨论,阅读文献,交流互动,延伸提高。学生在学习不同课程中遇到内容交叉的章节仅需完成本章的线上学习和测试即可拿到相应的平时成绩,教师可以将教学重点放在疑点和难点上,课堂上精讲多练,加深知识内化程度。

本教材以产出导向设计学习目标,以问题导向设计学习路径,以任务驱动方式组织学生线上、线下开展自主学习、小组学习,综合呈现了南宁师范大学"旅游市场营销"混合教学的方法和路径,为兄弟院校旅游管理专业开展混合教学提供理论和实践借鉴。同时,本教材从课程思政的视角对教学内容进行了重构、挖掘和提升,坚持立德树人根本任务,深入挖掘总结课程体系中与社会主义核心价值观相关的思政元素,从营销基础知识、市场开发能力、市场计划能力等方面全面融入思政教育,积极探索旅游市场营销课程思政教材建设。

本教材的目标读者是我国高等院校旅游管理专业的本科生,也可供对旅游市场营销工作感兴趣的旅游业界人士使用。本教材的写作提纲、统稿由南宁师范大学旅游与文化学院副院长廖钟迪负责,审稿由廖钟迪和文冬妮共同负责,全书共九章,具体分工如下:第一、二、

五、六章由廖钟迪编写;第七、八章由文冬妮编写;第三、四章由甘政编写;第九章由廖钟迪和文冬妮共同编写。

  在编写过程中,我们借鉴和参考了大量国内外的相关书籍、文献和网络资料,在此,谨向所有作者表示诚挚的谢意。由于编者水平和能力有限,加上时间仓促,书中难免存在不足,恳请各位学术同仁、读者批评和赐教。

编　者

2020 年 6 月

"旅游市场营销"课程知识点体系

根据营销岗位人才的知识、能力、素质结构要求完成知识点的拆分,确定"旅游市场营销"课程各章节知识点,包括营销基础知识、市场开发能力、营销计划能力3个模块、34个知识点,每个知识点在教学顺序上具有相对严格的先后顺序,在项目设计上具有相对独立的特征。"旅游市场营销"课程知识点体系如表1所示。

表1 "旅游市场营销"课程知识点体系

模块	章节	知识点数	知识点
营销基础知识	第一章 旅游市场营销导论	5	市场;市场营销;营销和推销;营销观念演变;市场营销的主要职能
	第二章 旅游市场营销环境	4	营销环境;微观环境;宏观环境;SWOT分析工具
	第三章 旅游消费者行为	2	消费者购买动机;消费者购买决策
市场开发能力	第四章 旅游市场细分	3	旅游市场细分标准;目标市场选择;市场定位
	第五章 旅游市场调研	3	营销调研的方法及程序;问卷设计;焦点小组访谈法
营销计划能力	第六章 旅游产品策略	8	整体旅游产品;单项旅游产品;核心产品;形式产品;延伸产品;产品生命周期;产品生命周期各阶段的营销策略;品牌策略
	第七章 旅游价格策略	3	成本导向定价法;需求导向定价法;竞争导向定价法
	第八章 旅游渠道策略	3	营销渠道;渠道的类型;营销渠道的选择
	第九章 旅游促销策略	3	促销组合;促销方式;促销效果评价

"旅游市场营销"课程思政目标

第一模块:营销基础理论课程思政目标

表1 营销基础理论融入思政教育

章 节	教 学 内 容	思 政 目 标
第一章 旅游市场营销导论	1. 市场营销概念辨析 2. 营销观念演变 3. 市场营销基本职能	严谨治学的科学态度 实事求是的辩证唯物主义思想 中外比较,开放的视野 与时俱进、创新发展的精神 大局意识 敏锐的观察力、思辨力 科学的工作方法 客观公正的工作作风
第二章 旅游市场营销环境	1. 营销环境概念 2. 旅游市场微观环境 3. 旅游市场宏观环境 4. SWOT分析法	
第三章 旅游消费者行为	1. 消费者购买动机 2. 消费者购买过程 3. 消费者购买决策过程模型	

第二模块:市场开发能力课程思政目标

表2 市场开发能力融入思政教育

章 节	教 学 内 容	思 政 目 标
第四章 旅游市场细分	1. 旅游市场细分 2. 目标市场选择 3. 旅游市场定位	科学的分类方法,严谨的工作态度 实事求是的辩证唯物主义思想 创新精神 团结协作精神 敏锐的观察力、思辨力 精确、精准的实践品质
第五章 旅游市场调研	1. 营销调研 2. 营销调研的方法和基本过程 3. 搜集资料的基本方法 4. 问卷调查法	

第三模块：营销计划能力课程思政目标

表3 营销计划能力融入思政内容

章　节	教　学　内　容	思　政　目　标
第六章　旅游产品策略	1. 旅游整体产品概念 2. 旅游产品生命周期及营销策略 3. 旅游品牌策略	严谨治学的科学态度 社会主义核心价值观 道路自信和文化自信 与时俱进、开拓创新精神 敏锐的观察力、思辨力 遵纪守法的法规意识 公平、合法的竞争意识 求真务实的工作作风
第七章　旅游价格策略	1. 旅游价格及其影响因素 2. 旅游产品定价方法 3. 旅游产品定价策略	
第八章　旅游渠道策略	1. 营销渠道的概念 2. 旅游产品营销渠道的类型 3. 营销渠道的选择与调整 4. 技术发展对营销渠道的影响	
第九章　旅游促销策略	1. 旅游营销沟通与促销 2. 旅游促销组合策略 3. 促销效果评价	

目 录

Contents

1　第一章　旅游市场营销导论
第一节　认识市场营销　/2
第二节　旅游市场营销与一般营销的异同　/8
第三节　市场营销的职能　/9

14　第二章　旅游市场营销环境
第一节　认识旅游市场营销环境　/15
第二节　旅游市场微观环境　/16
第三节　旅游市场宏观环境　/19
第四节　旅游营销环境 SWOT 分析　/23

27　第三章　旅游消费者行为
第一节　消费者购买行为概述　/28
第二节　旅游消费者购买动机　/29
第三节　旅游购买行为的影响因素　/34
第四节　旅游购买决策过程　/37

44　第四章　旅游市场细分
第一节　认识旅游市场细分　/45
第二节　目标市场选择　/51
第三节　旅游市场定位　/54

59　第五章　旅游市场调研
第一节　认识营销调研　/60
第二节　营销调研的程序　/62

  第三节 营销调研的方法 /64
  第四节 调查问卷的设计 /67
  第五节 调研报告的撰写 /68

75　第六章　旅游产品策略

  第一节 认识旅游产品 /76
  第二节 旅游产品的结构设计 /78
  第三节 旅游产品生命周期及其营销策略 /79
  第四节 旅游新产品开发策略 /82
  第五节 品牌策略 /88

93　第七章　旅游价格策略

  第一节 认识旅游产品的价格 /94
  第二节 旅游产品定价方法 /98
  第三节 旅游产品定价策略 /102

109　第八章　旅游渠道策略

  第一节 认识营销渠道 /110
  第二节 旅游产品营销渠道的类型 /112
  第三节 营销渠道的选择与调整 /116

126　第九章　旅游促销策略

  第一节 认识旅游促销 /127
  第二节 旅游促销的方式 /128
  第三节 旅游促销组合的影响因素 /137
  第四节 促销活动实施步骤及促销效果评价 /139

147　参考文献 /147

第一章

旅游市场营销导论

学习目标

本章旨在介绍市场营销的基本概念及理论框架,让大家了解什么是市场,什么是市场营销,营销观念的演变及各时期的特点;营销观念在旅游行业中的运用,旅游市场营销的内涵、职能,旅游市场营销与一般市场营销的联系和区别等基本问题。

案例引导　　火火的"壮族三月三"民俗旅游节

2019 年的"壮族三月三",广西各地围绕"桂风壮韵浓""民族体育炫""相约游广西""e 网喜乐购""和谐在八桂"五大板块,组织了约 900 场文化旅游活动,吸引八方游客纷至沓来,5 天的假期,共接待游客 1912.08 万人次,实现旅游消费 149.80 亿元。

"壮族三月三·八桂嘉年华"活动于 4 月 4 日拉开帷幕,精彩纷呈的民俗活动让游客流连忘返。南宁市举办了中国壮乡·武鸣"壮族三月三"歌圩暨骆越文化旅游节活动;桂林举行了《天下阳朔》歌曲首发、旗袍艺术节;崇左市开展祭祀踏青、红色主题旅游等活动,乡村旅游区、农耕文化园、农家乐成为市民、游客旅游的首选。比如,南宁市那贵坡樱花园、美丽南方等游客人数明显增加,钦州市那雾山生态园的杨梅、九佰垌农业公园的草莓已成熟,果园采摘的游客人头攒动。

市场的火爆与成功的促销密不可分。"壮族三月三·相约游广西"联合促销活动如火如荼,对广东、湖南等周边 9 个省份和港澳台地区游客实行门票 5 折优惠,省内如崇左市友谊关景区对烈属、参战老兵免费开放;贺州市对 60 周岁以上(含 60 周岁)的老年人实行景区首道门票全免;河池市举办"壮族三月三 e 网喜乐购"电商节和双百促销活动,各种活动让壮族传统民俗节庆"三月三"着实

火了。

（资料来源：根据 http://www.gxnews.com.cn/staticpages/20190409/newgx5cabd44e-18202154.shtml 整理而成。）

问题：

广西"壮族三月三"民俗旅游节成功引爆市场的营销策略是什么？

第一节 认识市场营销

旅游目的地和旅游企业的产品定位和营销策略直接影响着旅游目的地和旅游企业品牌的形象，是旅游目的地和旅游产品占领市场的关键。在数字营销时代，每个旅游企业和旅游目的地都面临着激烈的市场竞争。"旅游市场营销"是一门关于如何开展旅游市场营销活动的课程，它为将来在旅游企事业单位从事营销工作的学生提供基本的营销原理和方法。市场营销方法是一种建立在经济学、心理学、社会学等学科基础之上的应用技术，一些成功的营销方法，是人们在市场营销长期实践中总结和研究的成果。

一、市场的概念

什么是市场（market）呢？不同的视角下，人们对市场的理解是不同的。在大多数人的眼中市场是商品交换的场所（space），这里的市场是空间的概念。市场是一种媒介（media），提供让所有买家和卖家进行商品交易的平台。在经济学的研究视角下，市场是商品生产和商品交换及由此产生的各种经济关系的总和。市场包括供给和需求两个相互联系、相互制约的方面，是二者的统一体。现代市场营销的观点认为，市场指对某种产品或服务现实的和潜在的消费者需求的总和，即人的需求。这种市场就是消费群的概念，是从商品生产者的角度提出来的，从卖方的角度研究买方市场，根据消费者需求和欲望决定自己的生产和销售策略，才能使市场营销具有针对性，才能在竞争中求得生存和发展。

市场的定义

从卖方的角度研究买方市场时，市场的构成需要满足三个要素：人口＋购买力＋购买欲望。

人口因素是构成市场的基本要素，人口越多，现实的和潜在的消费需求就越大。购买力因素是指人们支付货币购买商品或劳务的能力，购买力水平的高低是决定市场容量大小的重要指标。购买欲望是消费者产生购买行为的驱动力，是消费者把潜在购买力变为现实购买力的重要条件。比如，一个国家或地区虽然人口众多，但是收入水平很低，购买力有限，则市场狭窄；反之，一个国家虽然收入水平很高，但是人口很少，市场同样十分有限，如北欧的丹麦、瑞典等国。而有的国家或地区，人口众多又有一定的收入水平，这样就属于有潜力的市场。比如，我们常常听到"中国是一个很大的市场"，并不是说中国的地理区域很大，而是指中国的市场需求，包括现实的和潜在的需求很大，形成了一个庞大的市场。

二、市场营销的概念

市场营销源自英文 marketing。在 20 世纪 80 年代初期,伴随着改革开放和商学教育在高等院校的重建,现代管理学中的 marketing 概念开始引入中国,先后译作"销售学""市场学""市场推销"。直到 20 世纪 80 年代中期,"市场营销"这一汉语翻译名称才正式出现,并逐渐被学术界所接受,成为约定俗成的规范表述。在使用这一术语时,为了行文的方便,时常将"市场营销"简化为"营销"。在营销理论发展演变的过程中,各国的学者和机构从不同的角度对市场营销下了许多的定义,其中较典型的有以下三种。

(一)菲利普·科特勒的观点

菲利普·科特勒是美国西北大学凯洛格商学院国际营销学荣誉教授,世界市场营销学领域的权威之一,被誉为"现代市场营销学之父"。他在不同时期对市场营销的定义如下。

认识市场营销

(1) 市场营销是致力于交换过程以满足人类需要的人类活动。在交换过程中,卖方寻找买主,识别买主的需要,设计适当的产品,进行产品促销、储存和运输产品、出售产品等。最重要的市场营销活动是产品开发、市场研究、促销、分销、定价和服务。(1983)

(2) 市场营销是企业的这样一种职能:识别目前未满足的需要和欲望,估计和确认需求量的大小,选择本企业能够最好地为它服务的目标市场,并确定产品计划,以便为目标市场服务。(1984)

(3) 市场营销是对思想、产品和劳务进行设计、定价、促销及分销的计划和实施过程,从而产生个人的满足和组织目标的交换。(1985)

(4) 营销是寻找,留住和增长盈利顾客的艺术和科学。(2011)

(二)美国市场营销协会(AMA,2008)的观点

市场营销是为顾客、客户、合作伙伴和整个社会创造、沟通、传递、交换有价值的产品的活动、制度和过程。

(三)英国市场营销学会(BIM,1984)的观点

一个组织或企业以获取盈利为前提,负责去识别消费者需要,预测消费者需要和满足消费者需要的管理过程。

通过观察以上三种市场营销的定义,我们不难发现三者内涵上的一致性,即市场营销是一个社会化管理的过程,这包括识别和洞察消费者需求,满足消费者需求,为企业创造价值、为顾客创造价值的管理过程。

三、市场营销的核心概念

通过上述营销概念的解释,我们发现这些概念聚焦于市场营销的核心概念,即需要、欲望、需求、产品、交换/交易、价值和顾客满意,下面依次来解释。

（一）需要、欲望、需求

需要、欲望、需求是市场营销活动的出发点和基础。所谓需要是指个体的一些基本需要未被满足的某种状态，比如对食品、衣服、安全的需要。还包括社会需要层面如归属感、关心、放松等。这些需要不是由营销人员创造的，而是一种客观存在。欲望是指由文化和个体个性形成的某种需求。比如对于梦幻冰雪主题酒店体验的旅游需求，属于较高层次的需求。营销人员可以不断激发出人们新的欲望。需求是指在人们的支付能力之下能够购买某个产品的欲望。

（二）产品

任何能够满足顾客需要和欲望的东西都可以称为产品。产品包括有形与无形的产品、可触摸与不可触摸的产品等。有形产品是为顾客提供服务的载体，无形产品或服务是通过其他载体如人、地、活动等来提供的。顾客购买产品或服务的目的是满足自身的需求和欲望，所以企业营销人员应该牢记，销售产品的任务是为了满足顾客需求，为顾客创造价值，不能只重视销售而忽略顾客需求。

（三）交换/交易

交换是指人们相互交换活动或交换劳动产品的过程。交易是双方以货币为媒介的价值交换活动，以物易物不包含在内。

（四）价值和顾客满意

营销人员通过提供有价值的产品或服务为顾客创造价值，让顾客满意，发展顾客成为忠实的顾客，持续不断地为企业带来价值，实现一种互利共赢的关系。营销人员必须为顾客创造价值，顾客通过产品或服务获得效用。

四、市场营销和推销的区别

营销不是卖东西，营销与推销的不同之处在于：首先，出发点不同。营销着眼于顾客的需要，推销着眼于企业的现有产品。其次，目的不同。营销是满足顾客需要，让顾客满意，实现长期获利。推销是达成销售，实现眼下获利。最后，手段不同。营销是通过整合营销的手段，推销是通过销售和促销。

现在，我们以兴建和经营一家酒店为例来说明这两者的区别。要建设一家酒店，在开工前会有很多需要考虑和开展的工作。比如，你首先要考虑如下一些问题：

● 该地现有多少酒店？市场竞争态势如何？
● 与拟建酒店同类型或档次的酒店有多少家？
● 消费者市场对该地住宿服务的需求状况如何？需求规模是否够大？是否确实需要兴建新的住宿设施？
● 拟建的酒店的目标市场是什么客群？有什么特征？
● 拟建酒店的规模有多大？
● 酒店在哪里选址？

● 拟建酒店计划提供哪些类型的设施和服务?
● 拟建酒店的产品和服务应该确定何种价格?等等。

以上这些问题属于酒店筹建阶段需要回答的问题,它们显然不是促销宣传工作,更不属于销售活动。然而,对这些问题的考虑及相关工作的开展,无一例外都属于市场营销工作所涉及的范围。如果我们把一家旅游企业的全部工作分为产前、产中、产后三个阶段,那么,市场营销工作不仅会涉及上述的产前阶段,还会涉及产中和产后阶段。由此,我们可以发现,市场营销工作的开展实际涉及一个企业从筹建、开发、开业、生产和运营的整个管理过程,而不仅仅局限于产中阶段的促销和销售。

实训项目

一分钟自我推销演练

内容要求:问候,介绍我是谁(包括姓名、来自哪里、兴趣特长、家乡的特色旅游资源、家乡特产、希望从本课程学到什么知识等)。注意自我介绍时的仪表、仪态、语音、语调,做到举止大方、神情自然。

五、市场营销观念的演变

知识链接　中国古代成功商人的营销智慧

据《史记》《汉书》记载,在中国古代,曾出现过许多成功的商人。其中,范蠡、白圭是义利两全的杰出代表。他们在经商活动中提出的"乐观时变""与时逐"等观点,强调了经商活动要把握时机,预测市场行情;他们提出的"务完物""取上种",强调了要追求高质量的商品,保证市场信誉。春秋末期的范蠡,被后人尊称为"商圣",曾在实践中积累了一套成功的经商办法,他提出"旱则资舟,水则资车""知斗则修备,时用则知物"等,总结了市场调查对经商活动的重要作用。

市场营销观念是企业在营销活动中所遵循的指导思想和经营哲学,是经营者处理企业、消费者与社会三者关系的基本原则。自第一次工业革命成功和机器大工业出现以来,随着经营环境的变化,企业所奉行的经营思想或管理导向都在不断演进。这些观念主要分为传统观念和现代观念两大类,反映出市场的变化、供需环境的变化、企业角色的变化。传统营销观念

营销观念演变

包括生产观念、产品观念、推销观念,现代营销观念包括市场营销观念和社会市场营销观念,如表1-1所示。

表1-1 营销观念的演进历程

观念演进	市场背景	关注重点	主要特征	类型
生产观念	产品供不应求 几乎不存在竞争	提高生产能力 增加产量	以产定销,追求数量 眼光向内	传统营销观念
产品观念	产品供不应求 竞争者增多	提高产品质量	以产定销,追求质量 眼光向内	传统营销观念
推销观念	产品供过于求	加强销售力度 提高销量	以产定销,强调销售 眼光向内	传统营销观念
市场营销观念	产品供过于求	满足顾客需求	以销定产,以顾客需求为导向 眼光向外	现代营销观念
社会市场营销观念	产品供过于求 市场竞争激烈 消费者更加挑剔 关心社会健康和环境问题	消费者需要 消费者满意和整个社会的利益	统筹兼顾企业、消费者、社会三方面的利益 眼光向外	现代营销观念

(一)生产观念(production concept)

生产观念是最古老的指导企业经营活动的观念,产生于20世纪20年代以前,当时的市场背景是需求大于供给,产品供不应求,是典型的卖方市场。在追求增加盈利的驱动下,企业管理者将提高本企业的生产能力和增大产量作为关注的重点,想方设法扩大本企业的生产或供应能力。在这一时期,对任何一个企业来说,"无论生产什么,都不愁没有销路"。生产者和供应商无须担心市场需求不足,因此不会去关注消费者的需求。

(二)产品观念(product concept)

产品观念产生的背景是市场供求基本平衡,生产处于饱和状态,企业经营者的注意力由关注产品数量转移到产品质量。这种观念认为,消费者喜欢高质量、多功能的产品,企业的所有精力集中于提高产品的质量、丰富产品的功能,企业缺乏远见,看不到市场的变化。"酒香不怕巷子深"是这一时期典型的思想。

(三)推销观念(selling concept)

推销观念产生的背景是20世纪40年代,由于科技的进步,科学管理、大规模生产技术的推广,产品数量迅速增加,市场供求关系发生逆转,买方市场逐渐形成,卖方竞争逐渐激烈。这一时期企业致力于产品的推广和广告,奉行"没有不成功的产品,只有不成功的推销员"。

(四)市场营销观念(marketing concept)

市场营销观念是企业经营观念的一次革命,其形成和确立的时间是20世纪50年代。当时,第二次世界大战已经结束,随着世界政治环境趋向缓和,多数国家,尤其是欧美国家的工作重点开始转向经济建设。同时,科学研究和技术的发展不断取得突破,所有的这些都是社会供给能力的进一步增强,市场竞争也因此更激烈,从而使得消费者在购买产品和服务时有了更多的选择。企业经营者必须首先重点关注消费者市场的需求及其变化趋势,同时留意同业竞争者的行动以及外部经营环境的变化对本企业产生的影响。在这种经营思想的指导下,企业开始由过去的以产定销转变为以销定产,此阶段的口号是"顾客需要什么,我们就生产什么"。

(五)社会市场营销观念(societal marketing concept)

社会市场营销观念是菲利普·科特勒在20世纪80年代提出的。社会市场营销观念认为对于企业或社会组织来说,在满足消费者需求的同时要兼顾企业或社会组织所在地的社会的整体利益。不仅要满足当下消费者的需求,还要注意维护和推进整个社会的整体利益的可持续发展。这一观念提出的背景是消费者市场对社会、健康以及环境问题的关心程度越来越高,社会市场营销观念被越来越多的政府、社团和企业接受,并且有越来越多的政府、社团和企业将这一观念纳为自己的组织文化或企业文化。这种观念认为,营销过程需要统筹兼顾企业、消费者、社会三方的利益,注重追求企业的长远利益和社会的全面进步。

从可持续发展观和企业伦理的角度来看,社会市场营销观念无疑是一种更为理想和更值得人们推崇和倡导的经营思想和管理导向。

通过两类市场营销观念的对比可以看出,现代市场营销观念包含三个明显的要素:第一,以消费者为中心;第二,综合全面地组织营销组合活动;第三,通过满足消费者需求和欲望获得利润,以实现企业的最终目标。

对于现代市场营销观念,要特别注意不能孤立、绝对和片面地认识和倡导。现代市场营销观念强调的是以消费者的需求为中心,按照市场的需求去组织生产和销售。但完全按照消费者的需求来组织生产,可能会抑制产品的创新。因此,企业除了顺应市场、发现需求外,更重要的是创造需求,以新产品引领消费者需求。

六、营销观念在旅游企业中的运用

在旅游企业中,往往由于旅游企业产品的特点,营销观念很难在旅游企业营销中全面发挥作用。首先,旅游业属于服务业,生产和提供的产品为无形的经历或体验,消费者不能先行查验然后决定是否购买。这种非实物类产品很难做到标准化,产品质量难以控制。消费者的消费和企业员工的生产处于同一时空,消费者的个性、兴趣与员工的态度、行为相互交织,相互影响,使服务过程有很大的易变性。尽管旅游企业各部门岗位制定了精细的管理制度和服务标准,但是实际操作起来也很难确保每个员工都能按照质量标准将产品或服务传递给消费者。同时,即使员工都能按照标准提供服务,也会由于消费者的个人因素如文化、阅历等的不同而产生不同的感受或满意程度。其次,对大多数旅游产品而言,消费者希望获得的是新鲜的、不平凡的体验或经历,如果一味强调服务产业化、标准化,也势必导致目的地的文化、环境趋同,形成"千城一面""千人一面"的环境和服务,导致消费者体验感下降。因此,在探讨营销观念在旅游企业中的运用时需要充分考虑旅游产品的特殊性。

第二节 旅游市场营销与一般营销的异同

一、原理相同,应用不同

旅游市场营销与一般营销的异同可以用一句话来概括,那就是原理相同而应用方式各有不同。市场营销作为一种管理哲学,其原理适用于各个领域。不论是旅游业的市场营销还是其他领域的市场营销,强调的都是眼光向外或外向思考,尤其是消费者导向。对于工商企业来说,实现长期生存和发展的根本途径就是能够比竞争者更有效地识别消费者市场的需要,预测和适应消费者市场的变化,并满足目标市场的需要。换而言之,在了解和把握市场需求及其变化的基础上,根据经营环境中出现的机会和制约因素去组织或调整企业产品或服务项目的设计、生产、促销、销售,是所有领域中消费者市场营销活动的共同之处,也是市场营销理论的基础。这一市场营销原理不论对旅游企业还是其他领域的企业均相同。这也是为什么不少知名国际旅游品牌企业的营销主管在加盟旅游企业之前都曾在制造业从事市场营销工作,而他们在从事旅游企业市场营销时依然很成功。这一点,充分证明了各领域的市场营销工作原理相同。

旅游产品及旅游业务经营的自身特点与以制造业为代表的其他领域存在较大的不同,这决定了我们必须对旅游市场营销进行专门的研究,并在实际的营销实践中,对具体的应用方式、营销及管理工具进行必要的调整。

二、旅游营销与一般营销不同的原因

旅游营销与制造业所代表的实物产品营销的区别主要表现在以下几个方面。

第一,旅游产品具有无形性和生产与消费的同时性特点。制造业需要先将产品生产出来,经过一系列中间环节,最后才销售给消费者。在这一过程中,产品往往需要先入库储存。旅游产品具有不可储存性,无法像制造业产品那样倘若今天卖不出去,明天还可以继续出售。此外,旅游产品不仅无法储存,也不能按市场需求波动随时调整供应量。尽管如此,提供这些旅游产品的生产能力却必须提前准备到位,并随时待命准备生产。这就给旅游企业和旅游目的地的有效计划旅游设施的建设数量和建设规模带来一定困难,也会给这些设施建成之后的充分使用带来压力。

第二,目的地旅游产品中往往涉及当地的各类旅游资源。其中自然旅游资源或人文旅游资源中属于遗产性资源的部分,无法完全按照市场导向进行开发设计,因为这样会造成这些不可再生资源的破坏。在目的地的营销中,往往会根据资源自身的特点和产品的供给能力来确定目标市场,而非一味地随市场需求而动。

第三,旅游业提供的整体旅游产品是由若干种类不同的产品或服务项目组合而成的集合产品,涉及交通服务、住宿服务、餐饮服务、景点游览服务、购物服务等。作为整体旅游产品的组成部分,各项服务分别由不同的旅游企业提供。这些企业既可以直接销售本企业的产品或服务,也可以将这些产品或服务汇集到目的地的整体旅游产品之中对外销售,这些产

品之间存在一种相互依存的关系,这意味着,一个旅游目的地的整体旅游产品的品质优劣取决于所有参与方的产品或服务的质量。只有当所有各方提供的产品都让旅游者满意时,该目的地的整体旅游产品才会被认为是令人满意的。由此可见,每一个旅游企业的营销状况都会影响到其他相关企业的营销效果。这既体现了各旅游企业联合营销的必要性和重要性,也反映出目的地整体旅游产品在品质管理上的难题,即产品质量难以控制,产品质量取决于全体旅游企业服务的表现。

第四,旅游目的地营销中往往需要借助中间商的力量。一方面是由于现实中世界各地的旅游企业大多数是中小型企业,受自身实力的制约,往往无力在客源地组建自己的零售网络,由于旅游企业的经营地点远离客源地,旅游产品的生产和销售并不能完全由旅游企业控制,往往需要专业的旅游中间商去实现产品的销售。另一方面,移动互联时代的旅游消费者购买决策的行为与在线旅游中间商OTA平台如携程、驴妈妈、途牛、同程旅游及非OTA平台美团、马蜂窝、穷游网等密切联系,消费者往往借助上述平台进行产品信息搜索及购买,这使得无论是旅游目的地营销组织还是旅游企业在应该提供何种类型的旅游产品、向哪些人群提供、何时提供以及以何种价格提供等决策时,必须参考甚至倚重中间商的意见。这些原因决定了旅游中间商会成为旅游目的地营销组织和旅游企业开展市场营销工作时的一个重要的工作对象。

第五,旅游消费市场需求的特点与制造业市场不同。消费者对旅游产品的需求不仅仅受到产品价格、自身支付能力等客观因素的影响,还会受到时代潮流和人文环境的影响。人们之所以会决定购买某实物产品,是因为该产品能满足人们的特定功能需求。换而言之,人们购买实物产品是出于理性思考,很少由于情感原因。而人们对旅游产品的选择和购买却往往与情感有关,因为旅游服务业的性质决定了服务提供者是人,服务消费者也是人。消费者的个人情感不仅会因这些服务接触产生,而且会影响后续的购买行为。比如,人们在购买产品时往往倾向于选择与自身形象相一致的产品,人们的购买行为是理性思维和情感因素共同作用的结果。消费者需要的是某种特定类型的旅游活动,而不强调这类活动是由哪个旅游目的地或旅游企业提供,能够满足这类需求的目的地或旅游企业为数众多,因此对旅游营销者来说培育和保持顾客忠诚具有较大的难度,不能完全使用制造业中的做法。

实训项目

学生5—7人为一组,关注1—2家国内外知名的旅游企业(同类型),网上收集该企业的资料,对该企业的主要产品及市场营销活动进行描述,分析其市场营销策略发挥的作用。

第三节 市场营销的职能

市场营销作为一种管理哲学在实际工作中的开展需要由一系列的管理职能加以支撑。按照旅游企业开展经营活动的逻辑顺序,市场营销的职能可以包括六个部分,如表1-2所示。

表 1-2　市场营销的职能

营 销 职 能	企业工作任务
营销调研	识别消费者的需要
市场细分和目标市场选择	分析本组织或企业的市场机会
产品研发	针对所选市场人群的需要设计产品
产品定价	制定价格及不同时期的价格策略
营销渠道	创造条件以便购买
促销（传播沟通）	将产品信息告知目标消费者以刺激需求

一、营销调研

市场营销活动始于调研。通过对市场调查研究，识别消费者的需求，从而确定生产什么，生产多少。对旅游企业或旅游目的地来说，最主要的营销任务莫过于两点，即保持现有的客源市场、开拓新的客源市场。要实现这两个目的，了解消费者的需要、把握消费者的需求变化和趋势至关重要。识别和洞察消费者需求这一任务，需要通过营销调研实现。

二、市场细分和目标市场选择

对于一个旅游企业或组织来说，根据调研的结果确定生产和提供的产品或服务之后，需要开展的工作就是分析企业或组织的市场机会。即选择企业或组织适合的目标市场，与之对应的营销职能就是市场细分和目标市场选择。

三、产品研发

在确定了目标市场后，企业或组织的工作就是根据目标市场的需要和利益追求，确定企业或组织所提供的产品或服务项目，以及这些产品或服务的档次与规格，并设计开发具体的产品或服务项目。与这方面的具体任务相对应的营销职能就是产品研发。

四、产品定价

在研发出产品和服务项目之后，旅游组织或企业接下来的工作就是制定这些产品或服务的价格，并且根据市场的变化对价格进行策略性调整。就这方面的任务而言，对应的营销职能就是产品定价。

五、营销渠道

为方便目标市场购买产品或服务，营销人员需要为这些产品或服务开辟、组织并维系合适的营销渠道，以方便消费者能够随时、随地进行购买或预订。就这方面的任务而言，对应的营销职能就是营销渠道。

六、促销（传播沟通）

旅游企业或组织借助各种传播媒介传递产品或服务的信息和价值给消费者，刺激并引导消费者选择本企业或组织的产品或服务。通过促销实现信息的有效沟通,树立鲜明的组织形象,使本企业或组织的产品或服务的形象深入人心。

实践项目

在教师的指导下,学生组织、策划一次校园内的旅游线路/文化推广活动,制定活动内容、方式、预期目标。

本章小结

本章主要介绍了旅游市场营销的概念体系,包括市场、市场营销、旅游市场营销,以及市场营销的核心概念,旅游市场营销与一般营销的异同,营销观念的演变过程及市场营销的主要职能。旅游市场营销不仅仅是旅游企业(酒店、航空公司、景区)的日常工作,更是城市、国家等旅游目的地的工作任务。如何吸引旅游者,扩大消费并延长他们在目的地的逗留时间,是旅游企业和旅游目的地营销的重点。

关键概念

市场(market)　　　　　　　　　　市场营销(marketing)
市场营销观念(marketing concept)　　旅游市场营销(tourism marketing)
生产观念(production concept)　　　　产品观念(product concept)
推销观念(selling concept)　　　　　　市场营销观念(marketing concept)
社会市场营销观念(societal marketing concept)
旅游市场营销观念(tourism marketing concept)
顾客接触点(customer touch point)　　顾客价值(customer value)

复习思考

1. 如何理解市场营销的概念和内涵?
2. 市场的构成要素是什么?
3. 旅游企业为什么要树立现代营销观念?

案例分析

当"一带一路"遇上"一千零一夜"

读万卷书,行万里路,自古以来就是中华民族的优良传统,出国旅游尤为人民所向往。随着更多中国人走出国门,国民大众对阿拉伯国家和地区的印象也逐渐走出了金字塔、巴比伦塔、骆驼奶、黄金和"一千零一夜"的古老传说。卡萨布兰卡、哈利法塔、卢克索神庙、哈桑二世清真寺、朱美拉沙滩等成为国人凭吊、观光、休闲、度假的好去处。所有的幸福和美好都在于主客共享的日常生活空间里,而不在四十大盗的藏宝山洞中。随着生活水平的提高和旅行经验的丰富,人们不再仅仅好奇于那些逝去的繁华,膜拜那些宏大的叙事,而是更在意交通的便捷,签证、通关和退税的便利,远离战争、动乱和恐怖主义,置身于熟悉的文字和视听环境。这就要求我们在建构国家旅游形象和实施宣传推广策略的过程中,不仅要叙说自己身边的风景和曾经的苦难辉煌,更要言说游客可触可感的服务品质,以及时尚生活的引领。要设立更多的文化中心和旅游办事处,到民众中间去,告诉彼此一个真实的自我,一个值得期许的将来。我们很高兴看到摩洛哥、突尼斯、阿联酋和卡塔尔相继对中国游客实施免签政策,在向中国游客发出友好信号的同时,极大地提升了中国赴阿旅行的便利化程度。

反过来看,在促进阿拉伯国家和地区的居民到访中国的过程中,我们还有很多工作要做,相对于近程的东亚、东南亚,远程的大洋洲、北美和欧洲,中国在西亚、北非的旅游宣传推广工作,无论是力度还是频度,都还有很多提升空间。过去十年,中国旅游研究院坚持按季度监测出境游客满意度和服务质量评价。与高速增长的游客人次和消费额相比,阿拉伯国家和地区在中文接待环境、休闲与购物和行业管理等方面还有很大的改进空间。数据表明,中国游客2018年对阿拉伯国家和地区的满意度评价为76.82分。在102个纳入监测的国家和地区中,处于中等偏下的水平。游客对北非的评价要优于西亚,摩洛哥的游客满意度较高,突尼斯、约旦处于中等偏上水平,埃及、卡塔尔处于中等偏下水平,黎巴嫩、阿曼、沙特阿拉伯则处于较低水平。而从旅游目的地感知度的指标项来看,中国游客对阿拉伯国家和地区当地居民的态度、景点、旅行社、餐饮、预订服务的评价较高(80分以上),对推荐度、住宿、交通的满意度处于中间水平(75分以上),而对休闲、性价比、目的地形象、购物、行业管理的满意度则相对偏低(75分以下)。

终有一天,我们会明白,那个力大无穷的蓝色精灵并没有藏在阿拉丁的神灯里,而是根植于包容、互鉴的文明中,延伸在互联互通、民心相通的丝路上。能够呼唤其出来的,只可能是更多的高层互访和战略互信,更大范围的对外开放和战略透明,以及通过文学、艺术、影视、传媒等无国界的"语言"。为此,双方需要通过大河文明之间的对话,向彼此释放更多的尊重和善意。我们很开心地看到中阿合作论坛正在并将继续发挥这一作用,通过论坛框架下各类活动的举办,促进中阿之间的政治互信和文明互鉴,彼此释放友好合作的信号。希望有更多的中国人沿着"一带一路"去讲述"一千零一夜"的故事,也希望更多的阿拉伯人沿着长江、长城来感受"秦时明月汉时关",来见证民族复兴和人民幸福的中国梦。

问题

1. 以上文字材料体现了旅游市场营销的哪些职能?
2. 在树立国家形象方面有效的传播沟通起到怎样的作用?

第二章

旅游市场营销环境

学习目标

掌握旅游市场营销环境的含义、旅游市场宏观环境和微观环境的构成要素;熟练掌握SWOT分析的含义、分析步骤,能够为旅游目的地或旅游企业撰写SWOT分析报告。

案例引导　后疫情时代旅游市场的发展

2020年,一场突如其来的疫情横扫我国大江南北,一时间全国各行各业陷入一片低迷。疫情对文旅行业的冲击尤为明显,旅游市场瞬间进入寒冬,全产业链处于崩溃的边缘,春节旅游市场直接损失达5000个亿。在我国政府和人民的共同努力下,经过几个月的奋战,我国疫情慢慢得到控制,社会经济开始慢慢复苏,正式进入后疫情发展阶段。

在后疫情时代下,据国家文化和旅游部统计,今年的"五一"黄金周旅游市场数据如下:旅游人次达到1.15亿,是2019年同期旅游人次的59%;旅游收入达到475.6亿元,是2019年同期收入的40.4%。在今年"五一"假期景区限流和跨省旅游团未恢复的情况下,达成这样的成绩已相当不错,这表明我国旅游市场后劲十足。

从"五一"假期的情况来看,旅游市场发展呈现出以下几个特点:①近距离,自驾为主,大多数游客选择低密度类型的景区。探亲游、周边游、郊区游占据着"五一"旅游市场。②景区类型选择方面,生态度假型、自然山川型、野生动物园是人们选择的主要旅游目的地。③"80后""90后"依然是我国旅游市场的消费主力。

④智慧旅游平台发挥的作用越来越明显,从客流分析到游客动态各方面,确保了景区平稳、有序的运行。⑤云旅游成为新热点,据某直播平台相关数据统计,某用户通过直播形式几天时间跨越了25个省去旅游,这是很难在现实旅游中发生的。

（资料来源：https://baijiahao.baidu.com/s?id=16666480199139111419&wfr=spider&for=pc.）

第一节　认识旅游市场营销环境

一个旅游企业要想在市场营销中取得成功,必须认真分析所处的市场环境,并在对企业营销的宏观和微观环境分析的基础上,根据所处环境的特点,提出相应的营销策略,这是企业获得市场成功的重要因素。

一、旅游市场营销环境的概念

旅游市场营销环境是指影响旅游企业市场营销活动的所有外部因素和内部因素,包括旅游市场微观环境和旅游市场宏观环境。环境因素对企业营销活动的影响有两种,一是直接影响,二是间接影响。其中,对于直接影响,企业可以立即感受到,而间接影响则要经过一段时间才能显现出来。因此,在分析市场营销环境时,不仅要重视环境因素的直接影响,同时也要重视间接影响。作为企业的决策者,要保持对营销环境的密切关注,实施动态监测,善于分析和鉴别由于环境变化而造成的主要机会和威胁,及时调整市场营销的各种可控因素,使其经营管理与营销环境的发展变化相适应。

二、旅游市场营销环境的构成

旅游市场营销环境从构成上看可以分为两类,一类是对旅游企业的营销活动直接产生影响的因素,称为旅游市场微观环境,主要是由旅游企业内部的员工和各部门、旅游供应商、旅游中介企业、旅游消费者、竞争者和公众组成；另一类是旅游市场宏观环境,主要包括政治、法律、经济、社会文化、人口、科技、自然等。宏观环境一般以微观环境为媒介去影响和制约企业的营销活动,在特定场合,也可直接影响企业的营销活动。微观营销环境是与企业市场营销活动直接发生关系的具体环境,是决定企业生存和发展的基本环境。二者是主从关系,而非并列关系。

三、旅游市场营销环境的特点

（一）相似性与差异性

旅游市场营销环境从整体上看,同一国家、同一地区是基本相同的,旅游企业比较容易与之相适应。而不同国家和地区由于社会经济制度、民族文化、经济发展水平等有所区别,旅游市场营销环境显示出差异性。在既定的区域环境中,企业所面临的一般环境是共同的,而所面临的具体环境则因个别旅游企业的经营任务和目标的不同而有很大的差别,这一特性要求旅游企业因地制宜地制定出可行的市场营销组合方案。

（二）系统性与地域性

旅游市场营销环境的研究对象是由自然、社会、经济等子系统组成的复杂原生系统,市场营销环境的多因素交融性的特点,并不意味着它是杂乱无章和毫无规律的,这就需要将其作为一个整体加以系统研究,研究它们之间的结构功能、相互作用的机理。但由于区域的文化背景、地理位置、历史发展、自然条件等方面的差异,各区域间发展具有不平衡性,研究其地域差异性,将有助于在旅游市场营销中突出旅游市场营销战略的区域特色。

（三）绝对性与相对性

旅游企业的市场营销活动始终处于一定的环境之中。外部环境的客观性决定了它的不可控性,旅游企业主要是通过市场调研取得信息,然后调整企业内部营销力量去适应外部环境,这是绝对的。但企业的外部环境总是有一定的时空界限,所以营销环境的分析总是有一定的范围,即表现为一定时间、一定地理区域的营销环境,这又是相对的。

（四）稳定性和波动性

旅游市场营销环境的各种因素具有相对的稳定性,这要求旅游企业应保持营销战略的合理延续性。但环境中各因素的状态又随时间变化而变动,多因素变动的各个状态的多重组合,形成了与不同时间相对应的多样化环境,对比其他行业市场而言,旅游市场的波动性特征更为明显:一是旅游需求由于可自由支配收入变化、余暇时间(特别是带薪假期、公共假日)的分布差异,易形成旅游客流的时空波动;二是旅游目的地的旅游资源禀赋造成相对的旅游客流季节波动;三是旅游业对环境变动的敏感性,如政治形势剧变、重大自然灾害、传染性疾病流行、重大旅游安全事故的发生等,加强了其波动性特点。旅游市场营销环境的波动性,决定了旅游企业对环境的适应过程是一个动态过程。现在的适应并不等于将来的适应,时刻关注环境因素的变化,以及由此引起的对企业营销活动直接和间接的影响,是十分必要的。

第二节　旅游市场微观环境

旅游市场微观环境是指与旅游企业营销活动有直接影响的各种参与者或因素,它们直接影响和制约旅游企业的市场营销活动,包括旅游企业、旅游供应商、旅游中介企业、旅游消费者、竞争者和公众。

一、旅游企业

每个旅游企业本身对企业的营销产生的影响是直接的,也是内部因素,

旅游市场微观环境

构成了旅游企业的内部环境,在旅游市场营销环境中属于可控的环境因素。其中最主要的是企业的市场营销部门与其他各职能部门要相互协调,如财务部、研发生产部、人力资源部等,为了完成营销任务和市场目标,各部门能否与营销部相互协调,关系到企业的兴衰成败。

二、旅游供应商

旅游供应商是指向旅游企业提供生产旅游产品或旅游服务所需的各种旅游资源的企业或个人。以旅行社提供的一日游包价旅游产品为例,该产品要成形,需要旅游交通企业、旅游景区、餐饮机构、导游等部门或个人配合完成供应。旅游供应商提供的产品或服务的品质直接影响旅游产品或旅游服务的品质和游客满意度,因此,旅游企业需要选择具有良好信誉、价格合理、经营规范的供应商,建立合作关系,通过持续考评实现优胜劣汰,以确保质量。

三、旅游中介企业

旅游中介企业是指帮助旅游企业实现促销、扩大产品或服务销售的机构,包括旅游中间商、旅游营销服务商等组织。

(一)旅游中间商

旅游中间商是指在旅游生产者和旅游消费者之间,推动或促进旅游产品买卖行为发生的企业或个人,包括旅游批发商、旅游零售商、旅游代理商。

(二)旅游营销服务商

旅游营销服务商是指为旅游营销活动提供服务的组织或机构,包括广告公司、营销咨询公司、营销调查公司等。

四、旅游消费者

旅游消费者是旅游企业最重要的环境因素,是旅游企业所有营销活动的出发点和归宿。旅游企业的营销活动需要以满足消费者的需求为中心,研究旅游消费者的行为规律和消费偏好,开发设计符合旅游消费者需求的产品或服务。

五、竞争者

在旅游市场营销中,旅游经营者只有准确识别竞争者,才能做到知己知彼,百战不殆。从消费者角度分析,旅游企业的竞争者包括愿望竞争者、一般竞争者、产品形式竞争者、品牌竞争者四种类型。

传统的竞争者是指来自同类型、同档次的企业,比如同为餐饮企业,川菜馆和湘菜馆、中西餐饮机构之间的竞争,经济型酒店中的7天连锁和如家之间的竞争。但是,在如今的旅游市场中我们也会面临完全不相关的企业竞争者,比如邮轮的出现对酒店、餐饮机构、旅游购物中心等旅游企业带来的竞争。邮轮上装修豪华的海景房、标准规格的内舱房、精致的自助餐、免税店等均对传统旅游行业中的企业带来不同程度的客源市场分流。

（一）愿望竞争者

愿望竞争者是指为满足旅游者的出游愿望而提供的不同类型旅游产品的竞争者。这些竞争者会想尽办法让消费者出门旅游，实现旅游消费行为，而不是待在家里。

（二）一般竞争者

一般竞争者是指为了满足同一需求而提供不同类型产品的竞争者。如旅游者外出旅游需要住宿，不论是民宿还是标准化的酒店都可以接待，这两者之间就存在竞争关系。

（三）产品形式竞争者

产品形式竞争者是指为满足同一需要而提供的同类别、不同形式产品的竞争者，如标准化酒店中的高星级酒店、经济型酒店即属于不同档次产品的竞争者。

（四）品牌竞争者

品牌竞争者是指产品的规格、档次相同，但是品牌不同的竞争者，如 JW 万豪酒店和凯悦酒店。

六、公众

旅游市场营销公众是指对旅游企业营销活动产生影响的群体或个人，包括政府、金融机构、新闻媒介、社会团体等。

同步案例　　非标准住宿业：民宿

民宿的起源，一种说法是源自日语的民宿（Minshuku），另一种说法是从欧洲的 B&B（Bed and Breakfast），即提供住宿和早餐的家庭旅馆模式演变而来。相关资料显示，对于消费者来说，一家民宿最重要的是外部自然环境，其次是室内条件，设计仅排到第四位。但一幢富有设计感的房子，可以在第一时间告诉你，这是民宿，并不是农家乐。

民宿与农家乐的区别何在，对于当地农民来说，民宿和农家乐的区别，尚停留在"是否有独立的卫生间"。但在设计师和民宿运营人员的眼里，二者之间有着更深层、更本质的区别。

民宿设计师吕晓辉说，乡村可以通过改造、复建、新建等方式开发民宿，但必须尽可能地利用当地的材料和可回收材料，"与土地和环境友好的建筑，才是好的建筑"。他所设计的裸心谷，强调的便是拥抱自然，回归本质。民宿不是简单的装修，而是更追求一种从地里生长出来的自然感。

莫干山宿盟联合发起人崔盛则认为，民宿更像一种互联网产品，"好的民宿环境幽静，会讲故事，才能有人来"。

近几年，民宿产业在中国，尤其是中国乡村愈发热门。尽管还没有权威定义，大家普遍把风景优美,能提供配套乡村休闲、养生的新生态温馨居所,称为民宿。2015年11月举行的"第一届全国民宿大会"给出的民宿统计数据是4.2万家,其中分布在云南的最多,浙江和北京分列第二、第三位。民宿发展的红火,离不开政策红利和市场需求的双重推动。一方面,美丽乡村建设不断推进,使如今的乡村处处可见美景;另一方面,对乡愁和慢生活的渴望,将越来越多的城里人推向乡村。对于那些追求新鲜、个性化住宿体验的人来说,民宿无疑是最好的选择。

问题:
1. 分析民宿业迅猛发展的宏观环境因素。
2. 分析民宿业迅猛发展的微观环境因素。
3. 民宿产业在中国的迅速发展体现了消费者的什么诉求?

实训项目

每位学生自主选择一个旅游企业,了解该企业所处的微观环境,列出该企业的供应商、营销中介机构、主要顾客、竞争者等相关环境因素。

第三节 旅游市场宏观环境

旅游市场宏观环境是指影响和制约旅游企业市场营销活动的大范围的社会因素和力量。宏观环境一般以微观环境为媒介,间接影响和制约旅游企业的营销活动,而宏观环境也受微观环境的影响。宏观环境主要包括政治法律、社会文化、科技、自然、经济、人口等环境因素。对于旅游企业、旅游目的地而言,无法改变其所处的旅游市场宏观环境,只能通过调整自身的资源去适应环境。

旅游市场
宏观环境

一、政治法律环境

(一)政治环境

政治环境是指旅游企事业单位开展市场营销活动所面临的政治形势,主要包括一个国家和地区的政治制度、政治局势、政府制定的方针政策等因素。这些都是旅游企事业单位开展营销活动前必须仔细考察、研究的内容。要通过对政治环境的稳定性、政策的连续性、政权更迭的频繁性等多方面因素的考察,判断一个市场存在的机遇与风险,使营销决策更趋科学。

（二）法律环境

法律环境是指国家或地方制定的各项法律、法规和条例等。如《中华人民共和国旅游法》(以下简称《旅游法》)，宏观上有助于调整和优化中国旅游产业结构，规范旅游行业秩序，促进旅游资源保护与开发的可持续发展；微观上，《旅游法》保护了游客的合法权益，规范了旅行社、景区的经营行为，对提升行业服务品质，保障旅游业健康持续发展具有积极的意义。

二、社会文化环境

社会文化环境是指在一定社会范围内形成的民族特征、价值观念、风俗习惯、宗教信仰、教育水平、行为规范等因素的总和。社会文化环境通过影响社会的基本价值观、认知、偏好来影响消费者的思想和行为，旅游产品的生产和销售要适应并尊重当地的文化传统、风俗习惯和宗教信仰。如广西居民在春节前夕有逛花市，买金橘摆放在家中，买带绿色叶子的甘蔗摆在门口，准备绿豆、糯米、猪肉，包年棕的习俗。

知识链接　　泰国旅游注意事项

中国公民赴泰国旅游需要注意以下事项。

（1）参观庙宇、王宫时，应着装整齐得体，不得穿着无袖背心、短裙、短裤及其他不合适的服装。

（2）庙宇参观过程中应根据要求脱鞋后进入，保持肃穆，不得追逐、嬉戏打闹。女士不得与僧侣直接接触，如需向僧侣递交物品，要将物品交予一位男士，由其代劳，或由僧侣将袈裟铺在面前，将物品放到袈裟上。

（3）泰国是君主立宪制国家，国王及皇室成员在泰国享有崇高地位，受到泰国人民的爱戴。游客应对国王及皇室成员表示尊重，不得在公开场合议论与皇室有关的话题，或发表有损皇室名誉的言论，否则即属重罪。

（4）泰国是礼仪之邦，被誉为"微笑的国度"。泰国人见面时通常双手合十于胸前，互致问候。合十后可不再握手。常人不能与僧侣握手。

（5）不要随意摸泰国当地人的头，小孩子的头更不要摸，因为在泰国的传统文化中，头是神圣不可侵犯的，忌讳别人触摸。

三、科技环境

近年来，科技的快速发展和高新技术在旅游业的广泛应用，直接改变了众多旅游企业的业务流程，从产品开发、设计、销售和售后服务，技术的进步一方面帮助企业提高了经营效率，另一方面直接影响并决定了旅游企业在市场中的竞争地位。科技同时也改变了人们的生活方式和旅游消费行为,使得旅游消费更便捷,在2020年疫情期间,云旅游、在线直播等营销推广方式被越来越多的旅游企业、目的地尝试,并成为一种常态化推广方式。

四、自然环境

自然环境是地球上的生物赖以生存的空间和物质来源,习近平总书记指出,自然是生命之母,人与自然是生命共同体,人类必须尊重自然、顺应自然、保护自然。旅游业的发展依托于各类自然资源,绿水青山就是金山银山,只有处理好保护和发展的关系,旅游业才能做到可持续发展。旅游企业和旅游目的地不仅要认真调查自然资源的类型、数量和等级,做到科学规划、统筹发展,还要考虑企业和旅游目的地的营销活动对自然环境的影响,要保护好绿水青山这个"金饭碗",利用自然优势发展特色产业,因地制宜壮大"美丽经济"。

同步案例　广西南宁那考河湿地公园:一条"臭水沟"的华丽转身

五、经济环境

经济环境是指一个国家或地区在一段时期内的经济发展状况,主要包括经济发展阶段、国内生产总值、收入和消费结构等。经济环境会直接或间接地影响旅游者的收入水平和购买能力,使旅游者呈现出不同层次的消费水平。

知识链接　2020年上半年居民收入和消费支出情况

六、人口环境

人口环境决定了未来旅游市场的规模和企业的经营方向,对人口环境进行充分的调研是企业市场分析的重要内容。人口环境包括人口数量、人口分布、人口结构等。

(一)人口数量

人口是旅游需求量的基数,人口基数越大,需求量越大。在经济条件一定的情况下,人口数量决定着旅游市场的规模和容量,人口数量和市场规模、消费需求成正比。这也就是为什么在外资企业眼中"中国是一个很大的市场",中国市场对在华外资企业全球业绩增量的贡献越来越大,细分领域市场成为各国企业的必争之地。

(二)人口分布

人口分布是指人口在一定时间内的空间存在形式、分布状况,人口分布决定了市场的位置、需求大小的差异。

(三)人口结构

人口结构是指一个国家或地区的人口构成情况,主要包括人口自然结构和人口社会结构。人口自然结构由性别结构和年龄结构组成,人口社会结构主要包括人的文化程度、职业、民族等因素。

知识链接　《中国发展报告 2020:中国人口老龄化的发展趋势和政策》发布

同步案例　广西金秀打造粤港澳大湾区康养旅游目的地

走进广西金秀瑶族自治县平道村古占盘王生态园,这里山峦叠翠,特色民宿别具一格,园内种植的数十种瑶药植物吸引众人目光。

"游客到古占瑶寨来,不仅能领略古朴的瑶寨风光,探秘瑶族同胞'上刀山''下火海'的绝技,还能观赏和采摘瑶药,体验瑶浴。"来宾市发展改革委派驻平道村第一书记叶琦说。

叶琦称,金秀拥有丰富的药用植物资源,瑶医药文化历史悠久,发展瑶药康养旅游的优势明显。"我们在生态园里打造中草药科普基地,希望吸引更多游客,帮助村民增收。"目前,生态园二期工程已建成垂钓池、中草药科普基地、客房、戏水池和会议中心等设施。

古占盘王生态园是金秀瑶族自治县发展康养旅游的一个缩影。金秀瑶族自治县县长兰向东介绍,金秀是广西中草药品种最齐全的县,也是广西最大的药物基因库。金秀拥有"中国瑶医药之乡""世界瑶都"等称号,并被列为首批国家全域旅游示范区,发展康养旅游优势良好。

据官方统计,2018年,金秀瑶族自治县共接待国内外游客557.43万人次,旅游总消费47.95亿元。游客中,来自珠三角地区的占了三分之一。"金秀拥有良好的自然生态资源和神奇的瑶医瑶药,我们有信心将金秀打造成为粤港澳大湾区康养旅游目的地。"兰向东说。

兰向东表示,近年来,金秀瑶族自治县密集出台政策,通过不断完善瑶医药服务体系,传承发展瑶医药特色优势。当地因地制宜重点扶持中草药种植,为瑶医药产业提供可靠原材料保障。目前,全县已建成瑶药材种植基地12个,培植了一批瑶医药自主品牌企业。此外,金秀瑶族自治县尝试创新,希望借助现代科技手段进一步挖掘和发挥瑶医瑶药的价值,为人们的健康服务。下一步,金秀瑶族自治县将围绕瑶医药全产业链,突出特色,做好旅游加康养深度融合的文章,着力打造具有金秀特色的瑶医药品牌。

(资料来源:https://article.xuexi.cn/articles/index.html? art_id=7927345227175352379&study_style_id=feeds_default&t=1575355098934&showmenu=false&pid=&ptype=-1&source=share&share_to=copylink.)

实训项目

在新冠疫情已经常态化的背景下,旅游企业如何借助产品创新恢复市场?

要求:①学生以小组为单位收集资料,提出方案;②各小组汇报,交流观点;③教师点评。

第四节 旅游营销环境 SWOT 分析

一、SWOT 分析法的概念

SWOT 分析是指基于内外部竞争环境和竞争条件下的态势分析,是英语单词 strengths(优势)、weaknesses(劣势)、opportunities(机会)、threats(威胁)的首字母缩写。SWOT分析是旅游组织通过对内外部资料的收集整理,分析内部的优势、劣势和外部的机会、威胁,并根据研究结果制定相应的发展战略、计划以及对策。

二、SWOT分析步骤

(一)分析企业的内部环境

内部环境分析需要对企业自身具有的优势和劣势进行分析,优势即企业擅长的领域,对比竞争对手具有的突出优点;劣势即企业的弱点,对比竞争对手缺少的或做得不好的地方。

(二)分析企业的外部环境

外部环境分析是对企业所面临的机会和威胁进行分析,企业需要识别并把握住机会,规避外部环境中的威胁和挑战。根据每种外部环境和企业内部条件的组合,制定出相应的策略,如图2-1所示。

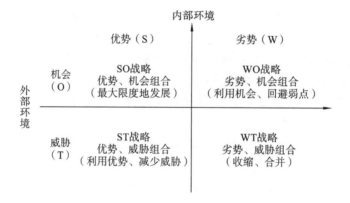

图2-1 SWOT分析图

1. 优势—机会(SO)组合

处于这种环境中的旅游企业,外部环境中拥有良好的发展机会,自身也具备较强的优势,企业可凭借自身优势最大限度地利用机会,适合采取发展型战略。

2. 劣势—机会(WO)组合

处于这种环境中的旅游企业,外部环境中有机会,但内部条件欠佳,需要借助外部机会来弥补内部弱点,扭转内部劣势,以最大限度地利用机会,适合采取稳定型战略。

3. 优势—威胁(ST)组合

处于这种环境中的旅游企业,内部有优势,但外部存在威胁,应采取多元化的战略来分散风险,以寻求新的机会。

4. 劣势—威胁(WT)组合

处于这种环境中的旅游企业,外部有威胁,内部状态又欠佳,营销环境非常不利,应尽可能规避风险,消除劣势,适合采取紧缩型战略。

实训项目

运用 SWOT 分析方法,分析你的家乡旅游业发展中存在的优势、劣势、机会、威胁,提出相应的发展对策。

本章小结

本章介绍了旅游市场营销环境的相关概念,即微观环境和宏观环境,以及包含的基本内容,此外,还介绍了营销环境 SWOT 分析的基本方法。

关键概念

- 旅游市场营销环境(tourism marketing environment)
  微观环境(microenvironment)
  宏观环境(macroenvironment)

复习思考

- 1. 旅游市场营销微观环境包括哪些因素?
  2. 旅游市场营销宏观环境包括哪些因素?
  3. 如何理解环境因素对客源地居民旅游需求的影响?

案例分析

多地鼓励"周末 2.5 天"弹性作息促假日消费

继浙江、江西及甘肃省陇南市等地发文鼓励推行"周末 2.5 天"弹性作息政策以来,2020 年 4 月 11 日,江苏省南京市宣布试行每周休息 2.5 天的政策。此政策出台的主要目的是减轻疫情对经济的影响,提振旅游市场信心,拉动假日消费。同时,多地还推出发放消费券、景区门票优惠等活动,进一步刺激线下及文旅消费。

这一政策落地情况如何?"政策试行后,我和家人周末去郊区玩了一趟,消费2000元左右。"陇南市武都区商务局王女士说,"疫情期间高强度工作了一个多月,能好好休息两天半,同时还拉动了消费,挺好的。"

在江西,宜春市总工会、宜春市文广新旅局特意组织干部职工带头试行"周末2.5天"弹性作息。政策"为推进文旅企业复工复产,两家单位组织前往宜春市国家5A级旅游景区明月山游览,职工都积极报名参与,共计100人左右。"宜春市文广新旅局副局长说,希望通过两家单位的带头执行,让这一做法在全市范围内推广开来。

浙江省德清县莫干山民宿协会副会长鲍红女说,现在,安全、舒适度是游客比较关注的问题。如果试行"周末2.5天"弹性作息政策,人们周末出游半径会相应增加,很多人会选择"3天2晚"的旅行方式,住宿和餐饮需求也会随之增加,这对郊区游、民宿、农家乐等都是很大的利好。

实际上,早在2015年8月,国务院办公厅就曾印发《关于进一步促进旅游投资和消费的若干意见》,鼓励弹性作息;有条件的地方和单位可根据实际情况,依法优化调整夏季作息安排,为职工周五下午与周末结合外出休闲度假创造有利条件。

问题
1. 此案例中涉及哪些营销环境?
2. 谈一谈宏观环境是如何影响旅游市场的。

第三章

旅游消费者行为

学习目标

了解旅游消费者购买行为的概念、消费者购买行为的重要性和意义；掌握旅游消费者动机的概念；理解旅游消费者行为理论、旅游消费者动机的形成、旅游消费者动机的特点；掌握旅游购买行为影响因素；理解市场营销中的购买决策过程、旅游消费者购买决策的法则、旅游消费者购买决策的特点；掌握影响旅游消费者购买决策的因素。

案例引导

端午小长假第二天，与首日相比，进崂山的游客明显增多，在崂山游客服务中心停车场内停满了小轿车及旅游大巴，从车牌号可以看出，这些车辆大多来自省内城市及周边的北京、天津等地。加上高考已结束，毕业游正式拉开帷幕。来自天津的小魏是刚刚参加完高考的学生，这次他是跟着爸妈出来放松一下的，小魏说："早就听说崂山是人间仙境，以前一直忙于学习，现在高考也结束了，老爸老妈为了让我放松一下心情，带我到崂山好好玩玩。"记者从客服中心大厅售票处了解到，这次端午节的学生票售出量已是平时的6倍，为了加快售票、检票的速度，崂山游客服务大厅特别增设学生售票窗口、学生检票通道。"下个星期就是父亲节了，所以提前带着老人到崂山来转转玩玩。"从烟台自驾来的李先生说。

据统计，崂山风景区端午小长假大量游客采取"自驾游"形式出游，"学生游""孝亲游"占到八成以上，两天来累计接待游客42186人次，同比增长2.7%，景区第二天接待游客23537人次，同比增长2.3%。

（资料来源：根据《"自驾游""孝亲游""学生游"，崂山人气爆棚》一文整理，http://news.ifeng.com/c/7fciSZosMfP。）

第一节 消费者购买行为概述

一、旅游消费者购买行为的概念

消费者购买行为是经济学、营销学科的重要概念。菲利普·科特勒、凯文·莱恩·凯勒指出,消费者行为是"个人、群体和组织如何挑选、购买、使用和处置产品、服务、创意和体验来满足他们的需要和欲望的过程"。[①] 在现在竞争激烈的市场环境中,尤其需要关注旅游消费者行为。结合学术界的研究,我们认为,旅游消费者购买行为指的是社会上的个人、社群或群体、组织,基于实际需要和欲望,进行计划、决策、选择、购买、使用和处理旅游产品的过程,比如日常生活中,人们都喜欢假期去旅游,在旅行社、酒店或者线上门店购买产品,直至旅游回来,给予评价,这就是一次完整的旅游消费实践过程。我们可以把这一实践过程分为几个要点:第一,旅游消费行为主体是人,而且是对旅游具有一定的生理、心理需求和消费欲望的人群;第二,旅游消费行为是过程性的概念,即包括消费前、消费中、消费后;第三,旅游消费在一定的社会环境和文化语境中完成,具有普遍性和特殊性。

消费者购买行为

二、学习旅游消费者行为的重要性和意义

现代市场营销理论有一个导向是消费者导向,它指的是如何满足消费者需求,实现消费者满意。因此,现代旅游企业要了解学习旅游消费者购买行为的重要性和意义。

第一,从旅游从业者角度来看,把握消费者的消费心理和动机是至关重要的。在从事旅游业务实践中,经营者特别是旅游目的地的经营者需要从长计议,组织研究消费者的消费偏好,开展周密严谨的消费者调查。

第二,从旅游目的地品牌建设和营销的角度来看,研究消费者心理和动机可以为当地提供合适的旅游市场信息。在全球化和"互联网+"的时代,旅游市场受到多种因素影响,不可控和不可预见的因素增多。在这种情况下,旅游经营者要把握好旅游主体,特别是旅游消费者的定位、心理和需求,组织专门的人力、物力去做专题调研,掌握一手资料,这样才能应对瞬息万变的市场。

第三,从企业经营战略层面来看,可以加强企业的活力。目前,很多旅游企业仍然采用传统的营销方式,但应变能力较差。如果能加强消费者行为研究,则可形成自主研发能力,将自身生产能力、管理能力提升到一个更高的层次,使得企业竞争力增强,在旅游市场竞争中处于优势地位。

第四,从国家旅游发展战略层面来看,可以为旅游政策的研究和制定提供很好的内容基

---

① 菲利普·科特勒,凯文·莱恩·凯勒.营销管理(第15版)[M].何佳讯,于洪彦,牛永革,等,译.上海:格致出版社,2016.

础。基于"互联网+"和数据挖掘技术的推广,旅游消费者行为数据搜集、分析和研究将更为便捷,这些研究成果可运用到宏观的旅游发展战略,也可以用于旅游政策的制定,为旅游市场的可持续发展提供保障。

第二节 旅游消费者购买动机

一、认识消费者动机

动机是心理学的概念,主要指的是人的基本需求和扩展需求获得满足。日常生活中,总会有很多需求,这种心理需求是现实环境和个人内动力引起的。当人们面对衣、食、住、行的需求,面对吃、住、行、游、购、娱的吸引,总会产生一些想法和欲望,然后设法去实现,当需要得到满足时,这一动机就完成了。在旅游实践方面,消费者动机也是一样的。世界各国的消费者由于自身的成长环境、兴趣爱好、家庭结构、经济条件、职业阶层千差万别,所以形成了多样化的旅游消费动机:有的人想探险旅游,比如去爬山、徒步等;有的人喜欢休闲文艺的街区,如成都的宽窄巷子、桂林的东西巷;有的人喜欢亲近大自然,倾向于康养旅游、生态旅游。旅游消费者动机多元化,直接推动了旅游市场的多元发展。

二、旅游消费者购买动机的概念

在旅游学中,旅游消费者购买动机是重要的一环。绝大部分旅游产品的生产、消费,都离不开消费者的实践,消费者通过消费行为,反映和反馈旅游产品的各种信息。如人们日常的消费,去商场、购物网站购物,都有一定的心理动机和行为逻辑,为什么买这个,为什么不买某些产品。这就是旅游消费者因何而消费的问题,也就是人们通常说的动机问题。那么,旅游消费者的动机和需求又是由什么因素影响和决定的?首先需要明确旅游消费者动机的概念。从旅游目的地、旅游消费者综合考虑,孙九霞、陈钢华指出,旅游动机是引发、维持个体的旅游行为并将行为导向旅游目标的心理动力。[1] 李天元、曲颖从决策层面界定这一概念,认为旅游消费者动机是指消费者的购买决策与行为。[2]

同步案例

与其他欧洲国家首都相比,维也纳少了行色匆匆的人,这里的游客相对也少一些。维也纳人享受慵懒的生活方式。在维也纳据说有2000个不同尺寸的公园和绿地,超过一半的城市面积覆盖着绿色。在市中心最大也最漂亮的普拉特公园,总能遇见不少跑步、骑车或者只是躺在草地上无所事事的人。这个历史悠久的公园

---

[1] 孙九霞,陈钢华.旅游消费者行为学[M].大连:东北财经大学出版社,2015.
[2] 李天元,曲颖.旅游市场营销[M].北京:中国人民大学出版社,2013.

还有一个颇为古老的游乐场,大部分的游乐设施,包括维也纳的地标摩天轮都是超过百年历史的文物了。大多数维也纳人安心地过着过时的日子,不赶着去哪里,也罕有人催促。多瑙河运河边的酒吧晚上6时就已经人满为患,当地人随意地坐在河堤上,吹着风,喝着啤酒,任时光流淌。

论宜居城市,就不能不提维也纳。维也纳人不热衷炒房或买房,主要原因是政府自1920年就一直建造公共住宅,六成当地人住公共住宅。这些住宅拥有大量绿地、公园和公共空间,一些还设有图书馆、室内外泳池和桑拿室等,有的设计十分时髦前卫,有的改造自百年老建筑,充满历史感。高品质的公共住宅,保证了大多数维也纳人生活得更轻松从容,不必去面对生活的苟且。

维也纳市中心颇为精致小巧,城墙早在19世纪中期就被拆除了,在原地修建了著名的环路,宽广的道路两旁布满了维也纳雄伟的建筑,如著名的歌剧院、维也纳大学、皇宫建筑群等。环路上还有不少经典百年老咖啡馆,外国游客来到咖啡文化之都,自然得泡泡咖啡馆。

在维也纳,艺术是这个城市的灵魂与信仰,一年到头,优质演出不间断,大多演出门票总是售罄。不少热爱艺术的旅行者都会在维也纳歌剧院看一场演出。建造于1869年的维也纳歌剧院作为城市地标和殿堂级的演出场所,演出票价丰俭由人,囊中羞涩的旅行者,可购买3至4欧元的站票,不需要花大价钱也能在精神上获得满足,这或许也是维也纳让人感觉宜居的原因之一。

而多瑙河是感受维也纳城市生活的绝佳之地。在多瑙河天然浴场,只要有树荫的地方,都坐满了野餐的当地人。也有不少人在水上泛舟纳凉,很难想象这条忙碌的运输河道,也是一个巨大的游乐场。河水冰凉,清澈见底,能看见一群群的游鱼。年轻人在甲板上晒够太阳,带着他们的青春和笑声跳进水里,有哪一座城市中心的河,能够如此安全地让居民们嬉戏呢?

(资料来源:根据《维也纳人乐享"无所事事"》一文整理,https://new.qq.com/omn/20200114/20200114A05YOQ00.html.)

问题:
维也纳人乐享"无所事事"的原因是什么?

三、旅游消费者购买动机理论

(一)帕洛格旅游动机模型

帕洛格(Plog)提出了旅游动机模型,这是旅游学术界使用较多的模型之一。他的理论出发点是游客,也就是说从人的角度展开研究。具体来说,帕洛格将人格分为截然相反的两端,一端代表着以自我为中心,代表的是保守型的旅游消费者;另一端是多中心型,代表的是具有创新和冒险精神的消费者。两端之间是连续的。他认为,这几类消费者总体来说呈现正态分布,大部分人属于两者之间。帕洛格的旅游动机模型是基于人口统计学的一种分类方法,虽然提供了分类依据和数据,非常直观,但是对于我们日常生活中的旅游部门、酒店、旅行社等来说,难以运用。旅游管理者可以从这一模型中初步理解消费者的心理模式。

(二)麦金托什旅游动机理论

美国学者罗伯特·麦金托什将旅游动机分为四类。

(1)生理与健康方面的需求。比如,与日常生活休戚相关的休息、休憩、运动、消遣和娱乐以及与身体健康相关的各种动机。这类需求更侧重于人的生理和心理实际需求。

(2)社会文化方面的需求。比如,了解和欣赏一地的历史、文学、艺术、考古、民俗、建筑、饮食、宗教、信仰等。这是一种知识方面的需求。

(3)人际交往的需求。比如,暂时摆脱工作的烦琐和压力,出门远足和探访亲友;或者出门结识新的朋友。这是一种人际情感沟通方面的需求。

(4)寻求地位与名誉的需求。比如,会议旅游、会展旅游等,旅游主体可以通过这一类实践寻找施展才华和能力的空间,获得一定的社会地位和名望。

(三)丹恩旅游动机理论

丹恩把旅游动机视为"推—拉"的机制,现在是旅游动机研究中广泛运用的推拉动机理论(push and pull theory)。推力是从旅游者角度出发的,指的是内心的、主观的动力,即旅游者需要什么,想做什么;拉力则指旅游目的地的因素,即社会环境、旅游市场等产生的拉力,它表示能为旅游消费者提供什么。后来克隆普顿进一步完善了丹恩的推拉旅游动机理论,提出旅游动机可以分为离开、探索、放松、声望、回归、密友来往、社会交往,推动力又有新奇和教育两种。这一理论的特点在于从旅游的个人需求结构和社会功能做文章,把旅游的需求结构要素体现出来。旅游营销者可以将这一理论用于产品精准设计之中。

(四)美国运通公司的旅游消费者分类理论

美国运通公司1989年委托盖洛普公司开展调研,着重分析旅游消费者在旅游实践中的倾向性行为,将旅游消费者划分为五类。

第一类是冒险型旅游消费者,倾向于寻找新奇的活动,接触陌生的民族,喜欢体验不同的文化。这类旅游消费者通常比较年轻,多数人集中在18—34岁,有较好的教育背景,拥有较强的经济实力,也愿意将旅游视为生活中的重要组成部分。

第二类是忧虑型旅游消费者。这类旅游消费者年龄相对较大,近半数人50岁以上。他们受教育程度不高,经济条件不如其他各类旅游消费者,对外出旅游特别是跨国旅游有顾虑。因此他们更偏好国内旅游,旅游次数不多。

第三类是梦想型旅游消费者。这类旅游消费者有一定的教育基础,收入水平中等,具有浪漫和休闲的想法,也重视旅游对人的重要意义。他们更倾向于事先咨询和研究旅游目的地,旅游消费过程中比较重视旅游体验,喜欢边玩边摸索。

第四类是节俭型旅游消费者。这类旅游消费者年龄较大,以男性居多,受教育水平不高,收入水平中等。这类旅游消费者认为旅游的主要目的是放松和休闲,不是奢侈享受,因此旅游活动要节俭而不是去购买一些不必要的服务。

第五类是享乐型旅游消费者。这类旅游消费者,一般经济基础很好,愿意购买高级的旅游服务,注重享受。这类消费者旅游次数较多,往往随兴所至,追求当下的旅游体验。

这一理论的启发是,如果要当旅游营销者,可以参考旅游消费者分类理论,将各地区的旅游群体做一个细分,为市场细分和精准营销做铺垫。尤其在"互联网+"和大数据时代,这一理论将发挥重要作用。

（五）最佳觉醒理论

英国心理学家丹尼尔·伯莱因针对旅游消费者心理和旅游吸引物的情况,提出最佳觉醒理论(optimal arousal theory)。这一理论认为人生需要一定的欲望和刺激,但是必须保持在一定的范围之内。如果过度或者不足,都会导致消费者摆脱或者放弃这一行为。旅游企业在进行产品开发时,需要观察和考虑各种旅游产品对旅游者的吸引力以及旅游者真正的需求。

同步案例

王先生:35岁,重庆某船运公司部门经理,从小在北方长大。王太太:32岁,某中学历史老师,在重庆长大。儿子:8岁,上小学二年级。爷爷:60岁,爱好书画,参加过中越战争。国庆假期就快到了,王先生一家决定外出旅游。他网络查询了一些目的地的资料,如九寨沟—黄龙、昆明—大理—丽江—香格里拉、丝绸之路等,这些旅游线路对他都有相当大的吸引力,接下来他又去旅行社进行了咨询,接待员介绍新马泰线路开发时间比较早,现在成熟一些,价格相对便宜,而且这几国的文化背景和中国有相似之处;欧洲线是近几年才开发的,目前的产品形式是把多个国家捆绑在一起,因此价格较高,出游时间也长一些。另外,韩国、日本、澳大利亚和马尔代夫等地也有旅游线路。非洲也开通了一些国家,如南非、毛里求斯等。美洲现在主要集中在商务旅游。王先生决定把欧洲和新马泰作为重点考虑的对象。爷爷不太想去日本;韩国他觉得太小了,没有什么可看的;澳大利亚天气太热,爷爷身体一直不太好,去那里害怕引起爷爷身体的不适。接待员给王先生看了欧洲游和新马泰旅游的一些资料,与家人商量后,王先生决定第一次出境游还是去近的地方,下次再去远点的地方。最终,王先生报了一个价格稍高的旅行团。但是爷爷没有去,爷爷说他身体不好,跟团游怕身体吃不消。

（资料来源:根据《旅游者购买行为案例分析》一文整理,https://wenku.baidu.com/view/0814cd7655270722192ef776.html.）

问题:

王先生在选择旅游线路时考虑了哪些因素?

四、旅游消费者购买动机的形成

旅游消费者购买动机的形成受到内部因素和外部因素的共同影响。内部因素包括旅游消费者对旅游目的地、旅游产品的感知和判断,旅游消费者的知识水准、健康条件和经济条件。外部因素包括旅游吸引物、国内外旅游市场的发展情况等。消费者根据自身内部因素和外部因素综合考虑，进而做出旅游决策。旅游消费者购买动机形成的过程如下。

（一）接收旅游目的地和旅游产品信息

这是购买动机形成的第一环节，很多旅游目的地和旅游企业很重视自身形象、品牌的建设，以期待能够给消费者带来良好的第一印象。

（二）消费者分析与解读旅游信息

在这一过程中，消费者根据内部和外部因素评估各种旅游产品的信息。大部分消费者并不遵循特定的理论进行判断，而是更加重视自身的经济条件、时间精力等，也有少部分消费者并不考虑评估这些信息，而是凭感觉来选择。

（三）消费者动机形成与实践

在上述两个过程之后，消费者动机基本形成。当然，有的消费者由于各种各样的原因，动机会随时发生变化，这是非常正常的现象。

五、旅游消费者购买动机的特点

（一）个体性

从根本上来说，旅游消费者动机是个体性实践。个人的知识结构、心理需求、时间经济条件，一直是决定个体旅游实践的根本因素。

（二）针对性

旅游消费者通过学习、信息搜集、整合分析等阶段，逐步把个人动机和旅游市场相对接，寻找满足自己需要的旅游产品。旅游消费者在实践中，不断寻找自己的实际需求，也在旅游产品中获得相应的体验。

（三）复杂性

旅游消费者行为实践过程是复杂的。每个消费者都有自己的需求和动机，也在不断地根据实际情况调整，由此产生了旅游实践的复杂性。

（四）过程性

旅游消费者行为包括谁买（who）、买什么（what）、什么时候消费（when）、在哪里消费（where）、怎么消费（how）、为什么消费（why）。

同步案例　　来丹麦吃生蚝，这只是个童话

2017年4月下旬，国内的媒体都在铺天盖地地疯传丹麦生蚝泛滥成灾，盼中国"吃货"代表团解国的新闻。最早见到这类消息是在丹麦驻华大使馆的官微上，题为"生蚝长满海岸，丹麦人却一点也高兴不起来"的一篇短文图文并茂地介绍了灾情、政府和渔民的无奈，恳请我国支援等。紧接着丹麦留学生群、北欧留学生群、欧洲留学生群消息风一样传开，引发大家热烈讨论及活动组织，相关主题群先后创立并在短短1天半内人数达到459，以致人满为患加不进去，期盼开二群。有关挖生蚝、开生蚝、制作生蚝、路线、潮涨/潮落时间、最佳挖蚝点、工具、装备、天气等相关信息都被热心群友们搜集呈上。一天之后，国内开始沸腾了，在国内各路媒体的争相报道下，国人群情激昂，一副摩拳擦掌要持生蚝"护照"过来的志愿者形象，考虑到生蚝只是在丹麦西南的海边小镇泛滥，所以大可不必全都过去，只派广东的某个镇、区，或上海的某个区就能圆满完成缴蚝任务，并保证能让它成为濒危物种……截至本文刊出，事件在持续发酵，讨论还在热烈进行中……

如果从旅游市场营销角度来看，这哪里是在呼吁我国民众前去救灾呀，这根本就是一个营销方案，且滴水不漏，相当成功。我们从旅游市场营销的专业角度分析一下。

任务：推广丹麦旅游产品，尤其是知名度不高的北部如奥尔堡、沿海岸线不知名的滨海小城（渔家乐）。

目标市场：中国。

目标市场分析：基本共性——爱吃，数量惊人，遍布全国，覆盖各性别、年龄、职业、学历群体。

"吃货"中的良心群体，乐于助人，路见生蚝肆虐，必当拔刀相助。

"吃货"中的小市民群体，免费的生蚝怎么能就这样荒了呢，还成了灾祸，吃之，绝之，无后患。

"吃货"中的旅友，丹麦地处北欧，顺便游览北欧风光。

推广手段：讲一个能引起目标市场共鸣的故事（比如上述生蚝危机）。主要在社交媒体上推出——微信、微博、话题讨论、各门户网站消息滚动推出，围绕生蚝不断掀起新的话题讨论，短短一周内成为最热话题，引起全民关注。关注之后，生蚝慢慢退出视线，海边的渔家乐开始登上舞台，丹麦北部的古城奥尔堡、中部的奥胡斯开始进入视线。国内旅游企业的迅速跟进，推出生蚝之旅，现已发团……

问题：

1. 丹麦旅游局通过生蚝危机有效传播新的旅游目的地形象给我们的带来哪些启示？

2. 丹麦旅游局在开辟新的客源市场上把握住了目标市场的什么心理？

第三节　旅游购买行为的影响因素

一、个体和家庭因素

个体的性别、年龄、职业和经济情况、生活方式、家庭结构和家庭生命周期、心理因素、信念和态度等都是旅游购买行为的影响因素。

（一）性别

男性和女性旅游消费者在很多时候对旅游的选择不同,有的时候又趋近。

（二）年龄

每个人在每个年龄段,对旅游的看法和态度是不同的。比如,儿童时期,可能会喜欢主题公园;青年时期,读大学或者工作之后可能会喜欢探险旅游或者背包旅游。很多时候年龄只是一个辅助性因素。

（三）职业和经济情况

很多学者认为,旅游购买行为最大的影响因素是经济情况。这取决于旅游消费者职业类型、收入情况等,尤其是社会地位高,收入高,持有大量可支配资金的职场人士,通常在旅游市场中扮演着重要角色。与此相伴的是人生职业的变迁,随着职业变更和退休,不少旅游消费者也会改变想法。

（四）生活方式

通常来说,很多旅游消费者的生活方式会影响到他们对旅游产品的选择及消费,特别是新一代的青年,他们通常更为个性,愿意尝试新的东西。年纪较长的职业人士,通常比较理性,喜欢对比各种旅游消费产品的特点。

（五）家庭结构和家庭生命周期

在大部分时间里,人们是处于家庭环境中的,家庭人口的数量、成员的年龄及性别,以及家庭的生命周期,影响了人们旅游消费决策的过程。如一个核心家庭,掌握经济权利的家庭成员往往在旅游购买决策中占优势,然而如果是长辈做决策,情况又有所不同。因此,家庭因素也是旅游营销者需要关注的因素。

（六）心理因素

心理因素包含动机、知觉、学习等要素。不同的旅游产品能够从不同的层面满足旅游消费者的不同层次需求。比如,康养旅游、保健旅游、生态旅游,这些是满足于身体生理需求的;主题公园、休闲实践、博彩旅游,是满足自我实现需求的。

（七）信念和态度

这一指标在最近几年比较受关注。有几种情况:一是部分消费者对某一旅游目的地和品牌的信任和执着,这对于企业而言是重要的信号;二是有的消费者因自身消费习惯等其他原因,如宗教信仰,在消费方面有某些偏好。

二、社会环境因素

社会环境因素主要包含经济环境因素、社会发展程度。一般而言,社会经济发展较好的地方,旅游消费者较为倾向于做旅游开支计划,并且有较强的旅游消费动机,反之亦然。社会发展程度也往往影响了消费者的心理和动机,稳定的环境容易让消费者获得更多的消费信心,获得更合理的消费资讯。

三、文化因素

在人类学中,文化相对主义和文化多样性原则是理解当今世界的重要途径。旅游目的地同样需要这样的理解原则。消费者更关注旅游目的地到底如何展示其独特的文化,以及表达的美学原则,这样才会形成一定的消费欲望和动机。旅游企业也需要重点关注文化因素,如何展示地域文化和个性文化,吸引更多的消费者,这是下一步需要突破的难题。

同步案例 解读六大城市的休闲心态

成都、杭州、北京、上海、青岛、深圳,这六个城市人群的休闲心态、休闲方式各有什么特色?在世界休闲大会上,浙江大学亚太休闲教育研究中心学术部主任凌平,与大家一起分享了他的研究心得。

成都人——信奉"俗到底"的快乐哲学。对于生活,用成都人的话就是:日子是水,自己是鱼,游着走就是。成都人虽身处内陆,骨子里却与地中海沿岸城市人群的特点极为相似:喜欢大家族式群居生活,好热闹,喜欢新鲜、刺激的东西,热情奔放,自由散漫,知足常乐……成都人的"闲"是出了名的。他们的休闲方式被概括为:打点儿小麻将,吃点儿麻辣汤,炒点儿渣渣股;另外泡茶馆和摆龙门阵,也是不可或缺的。

杭州人——面向西湖、面向自己、面向家庭。在杭州人眼里,西湖、杭州、杭州人是三位一体,缺一不可的,西湖就是杭州人穿的"衣服"。杭州人喜欢自娱自乐,时刻不忘记满足自己。他们在玩的时候更是疯狂,天下最闲适、愉快的当属杭州人也。双休日,杭州人去玩的地方有九溪、曲院风荷等,几家人乘着凉风打双扣、三扣一,搓麻将,不知疲倦,乐在其中。

北京人——怎么做"有派"就怎么做。北京人的生活方式几乎无不带有"大"的味道:干大事,说大话,讲大道理,讨论大问题,就连聊天,也叫"侃大山",喝茶则钟爱"大碗茶"。他们对小打小闹不感兴趣,对于小模小样看不上眼。就连找媳妇,也不大喜欢"小家碧玉"式的。至于喝啤酒,当然得论"扎"。北京人在生活上讲究的不是我们通常所谓的"生活质量",而是"份儿"和"派儿"。怎么做"有派",能够"拔份儿",他们就怎么做。

上海人——首先是上海人,然后才是商人、职员,上海人的区域概念比身份更突出。他们首先是上海人,然后才是商人、职员、自由职业者。上海的各色人,自由发展,公平竞争,但最终却把他们统一于上海的社区性。精英分子难免有些"海派作风",中小市民却也因此而多少有些体面和雅致。结果,上海人无论职业阶层、社会角色如何,都会多少有些"上海味"。他们的生活方式大体相仿,他们的价值观和审美取向当然也就大体一致。

青岛人——生活、工作以家庭为中心。青岛人的生活、工作以家庭为中心,为家庭幸福而奔忙;他们喜欢在布满熟人的城市里生活,认为这样更舒服;他们热爱青岛,认为这里环境优越,在与别的城市比较时满怀优越感,甚至不愿出门;即使是面对国际化潮流,他们依旧以青岛为家,以奥运和"帆船之都"为荣。

深圳人——不求天长地久,只在乎曾经拥有。深圳是一座年轻的城市,充满着年轻的活力、欲望和资本。北京人能侃,成都人会玩,广州人会吃,上海人很顾家,而深圳人则比较务实,没有多余的框框条条,一切为人民币服务,所以留给深圳人的只是除了物质感以外的寂寞。

问题:
1. 结合案例,分析旅游者消费行为的影响因素是什么?
2. 如何根据旅游者消费行为开展营销工作?

第四节　旅游购买决策过程

决策是为了实现特定的目标,根据客观的可能性,在有一定信息和经验的基础上,借助一定的工具、技巧和方法,在对影响目标实现的各种因素进行分析、计算、判断和选优之后,对未来行动做出决定。因此,在消费者行为领域,所谓购买决策是指消费者谨慎地评价某一产品、品牌或服务的属性并进行选择、购买能满足某一特定需要的产品的过程。[①] 所谓旅游消费者购买决策是指个人根据自己的旅游目的,收集和加工相关的旅游信息,提出并选定具体的旅游方案或出游计划,并最终把这些方案或计划付诸实施的过程。

旅游决策参与主体是旅游消费者、旅游营销者以及其他旅游实践者。按照功能分类可以有发起者、影响者、决策者、购买者、使用者、评估者。在实际中,这六种不一定同时存在,但他们相辅相成,共同作用于购买决策过程。在实际决策中,影响者也可以同时是发起者、购买者;购买者可能是使用者,也可能不是使用者。这要求旅游营销者要综合考虑。

一、市场营销中的购买决策过程

传统的市场研究理论认为,消费者购买决策通常有五个阶段:问题辨识、信息搜寻、方案评估、购买决策和购后行为。

(一) 问题辨识

购买过程始于购买者内部或者外部条件影响,找到自己的需求和欲望。到一定的临界点,就会形成驱动力。如人们口渴了想喝水,饿了想吃东西,都是生理需求到了一定程度产生的驱动力。

(二) 信息搜寻

营销人员必须了解各类旅游消费者关注什么,关注的细节是什么,并通过一定合理恰当

---

① 孙九霞,陈钢华.旅游消费者行为学[M].大连:东北财经大学出版社,2015.

的方式,在合适的时机中传递给旅游消费者。或是旅游消费者有外出旅游需求时,主动搜集与旅游需求相关的信息,并从大量的信息中筛选有效的信息。

（三）方案评估

旅游消费者大多是在有意识、理性的基础上评估自己的旅游实践方案,以利于寻找符合自己利益需求的产品。评估要素很多,如酒店的安全性、景区规划的合理性、交通道路的便捷性等。

（四）购买决策

旅游消费者根据各种品牌和产品的信息,综合判断,形成个性化的偏好。旅游消费者对旅游市场、旅游产品的认知,以及时间、经济成本,会影响他们怎么运用决策经验。

（五）购后行为

这是重要的环节,有利于反馈信息。旅游消费者在完成产品的消费体验后,会有各种各样的感受,有正面评价,也有负面的评价。这些促使旅游消费者回忆和思考过去的经验,寻找一些重要信息,用于新的旅游决策。

二、旅游消费者购买决策的法则

（一）便利法则

消费者会第一时间想起过去实践中最难忘的,或者印象深刻的,或者易于想起的实践事件。如当人们一提到旅游时,可能很多人第一时间回想到的是和自己关系亲近的人在某个旅游目的地度过的时光。

（二）代表性发展法则

旅游营销人员希望消费者能够消费他们的产品后,形成一系列印象,以此评判这项旅游产品在整体的旅游市场中的重要位置。营销人员总是希望自己的产品成为市场的代表作。

（三）锚定法则

在旅游营销中,旅游企业希望消费者在体验完产品之后,有一个体验评估的基准点,也就是说,对这个产品的消费感受如何,有一个标准,那么这个就是锚点。旅游营销人员希望消费者有一个有利于他们自己的锚点,以利于后续产品的发展。

三、旅游消费者购买决策的特点

（一）偶然性

很多消费者在做购买决策的时候,并不是按照既定的步骤,按部就班做出决定,而是随时动态调整。如消费者去旅游目的地之前有决策,去到之后,由于环境和其他因素的影响,自己进行调整,以满足自己的体验。

（二）复杂性

旅游消费者决策从开始的问题辨识到最后的购后评估,是一个综合的过程。在这一过程中,各个要素互相影响,并不像程序一样运作,而是充满了复杂的因素。如人们外出旅行时,则会涉及人数、经费、时间等问题,而且每个人的情况都不一样。

四、影响旅游消费者购买决策的因素

影响旅游消费者购买决策的因素有很多,主要有如下几点值得关注。

(1) 个人旅游动机、个人受教育程度、消费者个性。关注个体心理和性格特征,这是很重要的。尤其是在全球化市场的背景下,市场细分成为必然,旅游市场不乏充满个性的个人。

(2) 个人经济条件和整体经济环境。这是决定消费者购买决策的根本因素。如消费者个人可支配收入和旅游预算,往往决定了他们在年度中的旅游安排。整体经济环境的变化,也会影响到个人的消费决策。

(3) 记忆中的旅游实践经历。个体经历和记忆,在旅游决策中起到推波助澜的作用,人们往往会考虑自己曾经经历的旅游过程,以便于对比和判断现有的旅游产品,以便做出决策。

(4) 亲人与朋友的影响。这是消费者决策的潜在因素。亲人和朋友的旅游经历,或多或少会通过聊天、分享影响着人们的外出旅游决策,人们会通过互动,从而影响决策。

(5) 媒体的宣传和品牌口碑效应。在互联网时代,通信技术与内容分享变得更为便捷,QQ、微信、钉钉无时无刻不在发挥作用。有实力的旅游目的地和旅游企业往往根据这些软件,向消费者输出旅游产品信息。这对旅游企业而言也是好事,它们可以通过品牌塑造来打造自己的口碑,以获得市场。对消费者而言,他们只需要动动手指,就可以开始分析信息。

(6) 目的地、旅行社、酒店与旅游景区信息。目前的趋势是如何通过全域旅游整合信息,向消费者推行自己的理念。

(7) 政府和相关部门的情况。旅游企业往往通过官方统计数据和年报来判断旅游信息,在对旅游产品不知情的情况下,这无疑是权威的数据。

同步案例　　苏珊的度假决策

苏珊是一家电子公司的经理,长时间繁重的出差计划使她倍感疲惫。一天晚上她在看电视的时候,注意到了Med俱乐部的广告,它描述了乡村的休闲生活。这个广告使她产生了休闲这一行为动机,以满足她减轻疲惫的需要,但她还没准备给旅行社打电话。在随后的几周内,她收到了这个俱乐部的一些直邮材料,让她决定是否来此度假,并说明了时间、地点等。在一次商业会议上,她跟另外两位经理谈到度假这一话题,结果发现这两人曾去过这个乡村俱乐部,并且很喜欢那里。后面苏珊又碰到以前大学联谊会的一位姐妹,由于户外运动,她的皮肤微黑,而且还

穿着 Med 俱乐部的 T 恤衫。信息提示有了累积的功效,所以苏珊拜访了旅行社,并预订了去墨西哥 Med 乡村俱乐部一周的旅程。

苏珊用了很长时间去度假,回来时得到了很好的休整和放松的感觉。在以后激烈的竞争中再度感到疲惫时,苏珊就又飞到了位于加勒比海的 Med 乡村俱乐部。这一次,她又度过了一段美妙的时光,并强化了她第一次去墨西哥游乐的正面感受,这样就又完成了一次领会的过程。

(资料来源:刘德光.旅游市场营销学[M].2 版.北京:旅游教育出版社,2006.)

问题:

1. 苏珊的旅游动机是如何产生的?对你有什么启发?
2. 谈谈苏珊的购买决策过程。其购买决策过程各阶段是怎样的?
3. 苏珊度假回来后的感受是什么?作为营销人员,为什么要重视购后感受阶段的营销?

本章小结

本章对旅游消费者购买行为的相关问题进行了介绍。旅游消费者购买行为研究包括旅游消费者购买动机、旅游购买行为影响因素、旅游消费者购买决策等问题。旅游消费者购买动机具有多样性,可用帕洛格旅游动机模型、麦金托什旅游动机理论、丹恩旅游动机理论、美国运通公司的旅游消费者分类理论、最佳觉醒理论进行分析。还介绍了旅游消费者购买动机的形成过程和特点。

旅游消费者购买行为受到个体和家庭、社会、文化等因素的影响。旅游消费者购买决策由问题辨识、信息搜寻、方案评估、购买决策和购后行为这五个阶段构成。旅游企业应了解清楚影响旅游消费者购买决策的主要影响。

关键概念

动机(motivation)　　　　　　　　　态度(attitude)
生活方式(lifestyle)　　　　　　　　社会阶层(social class)
消费者购买行为(consumer buying behavior)
消费者行为模式(consumer behavior model)
购买者决策过程(buyer decision process)

复习思考

1. 旅游消费者购买动机的含义是什么？
2. 旅游购买动机是如何形成的？
3. 旅游消费者购买行为会受到哪些因素影响？
4. 旅游消费者购买决策包括哪几个阶段，每个阶段需要注意的内容有哪些方面？
5. 哪些因素会影响旅游消费者的购买决策？
6. 结合日常外出旅游经历，分析旅游消费者的购买动机如何形成。

案例分析

2017年6月9日召开的首届中国夏季旅游创新峰会·2017黑龙江湿地论坛暨夏季旅游推介会上，正式发布了《夏季避暑游客大数据洞察报告》。此报告是由中青旅联科（北京）公关顾问有限公司、TalkingData、美团点评网联合出品，并由旅游消费者大数据实验室编撰发布的。

1. 经济发达地区更愿意去远处避暑

一类是拥有丰富避暑旅游资源的大省，其主要游客来自省内及周边，以短程和中程为主，如森林、湿地、湖泊资源丰富的黑龙江，四季如春的云南，海滨资源较发达的山东等。另一类是经济相对发达且气温比较炎热的省市，其本地的避暑资源相对较少，游客更喜欢去更为凉爽的省市，以长途远程为主，如广东、浙江、北京、四川等。

2. 经济发达、气温高、人口稠密是客源地的重要标签

北上广深四大城市在全国暑期游人群中的合计占比近14%，是旅游高消费人群的主要输出地；特别是北京，占比近7%，是最核心的客源地。地级城市避暑人群占比高，应重点挖掘人口红利所带来的旅游产业价值。重庆、成都、杭州等夏季高温城市避暑需求明显，是暑期游客的主要来源地。值得注意的是，哈尔滨的排名比较靠后，这是因为其本身的避暑资源较为发达，相对其他省会城市，暑期前往其他地区旅游的占比相对较少。

3. 避暑游客多以本地和周边为主力

据美团旅行的避暑产品购买数据，哈尔滨、昆明、长春、贵阳、大连的避暑游客都以本省和周边为主，基本都是绝对主力。丽江的避暑游客占比相对均衡，且广东客源最多，其避暑旅游开发方式值得关注和借鉴。

4. 不同城市的避暑游客，旅游偏好区别大

北京市在五个类型主题游的客源城市中都居于首位，堪称是最热爱避暑的城市；此外，上海的排名也比较稳定，各类型目的地排名中均入围前十。经济发达城市的游客偏爱特色小镇游，北京、上海和东北城市的游客喜欢森林游，"火炉"城市的游客爱去湿地，海滨或近海城市的游客既爱玩海又爱爬山。

5. 东北湿地多，本地和北方游客玩得嗨

湿地旅游资源多位于东北三省，本地和北方游客成为主力。其中黑、吉、辽三省的游客总量占比超三成，邻近的北京和内蒙古游客量占到15%。近程和中程游客占到游客总量一半，TOP10省份中，仅有广东和江苏两个发达省份属于远程市场。

6. 特色小镇对广东游客的吸引力最强

避暑城市的特色小镇多分布在南方，其主要的客源地中，广东省以10.5%的占比居第一位，云南和邻近的四川也是主要客源地，分居第二位和第三位。此外，浙江、江苏、湖北、重庆等省市，自身拥有体量巨大的特色小镇，但仍偏爱前往避暑城市的小镇旅行。

7. 避暑人群男女比例均衡，年轻人居多

在避暑游人群中，男性占比略高，约为50.8%，仅比女性高出1.6个百分点，男女比例相对均衡。从年龄分布上看，26—35岁的青年群体占据绝对优势，占比高达54.9%，构成了避暑游人群的主体。而46岁以上的中老年群体仅占5.3%，占比非常低；基于这部分人群有钱有闲，未来在开发避暑游产品时，可适当偏重中老年群体。

8. 年轻人喜欢游湿地，36岁以上的人群爱逛小镇

35岁以下的人群偏爱湿地和森林旅游，占比均超过77%；特色小镇尤其受36岁以上游客的喜爱，而山地和森林避暑是46岁以上游客的首选；总体来看，主体人群属于年轻人，各类型均广泛涉猎，总占比量巨大。

9. 关键要风景好、气温低，不怕花时间和花钱

游客在选择避暑旅游目的地时，核心的决策考虑因素主要是风景和气温，其次才是花费和交通便捷性。可见，只要风光好、气温适合，花多少钱、怎么去都是其次的。在避暑时间方面，5—7天短期度假最多，达54%，3—4天微度假也占38%。总体来看，游客还是愿意为避暑旅游多花时间。从旅游预算来看，游客的避暑消费意愿相对较高；愿意人均一次花费2000元以上的游客高达74%。

10. 女性客群是避暑旅游的消费主力

避暑人群中，虽然男性总量略高于女性，但购物偏好方面，女性却占据绝对主导。如服饰、鞋帽、箱包、珠宝、手表和化妆品等，都是以女性为主的消费品类。所以在营销渠道选择时，应均衡考虑两个性别的消费习惯；但在引导购物、提升旅游消费时，则更应该关注女性游客。避暑游人群偏好于实物消费，虽然在生活服务上的消费占比

要低于大众人群,但是在餐饮、服饰、鞋帽、箱包、珠宝、手表、化妆品等实物型消费占比上要高于大众人群。

(资料来源:根据《旅游消费者大数据实验室:2017避暑旅游人群大数据报告》一文整理,https://www.useit.com.cn/thread-15653-1-1.html.)

问题
1. 请分析经济因素、地理因素、年龄因素、性别因素对消费者行为的影响。
2. 联系日常生活,分析一下您的旅游需求和动机受到什么因素影响。

第四章

旅游市场细分

学习目标

掌握旅游市场细分的概念、旅游市场细分的标准;了解旅游市场细分的意义、旅游市场细分程序;掌握旅游目标市场的概念;能够分析旅游目标市场模式,掌握并运用旅游目标市场策略;掌握旅游市场定位的定义;了解旅游市场定位的程序与方法。

案例引导　领跑旅游全球化

全球化 4.0 时代,数字经济将继续通过产业融合改造旧产能,打造一个无壁垒、无边界的经济创新平台,一大批中国科技企业从融入适应全球化,到逐步提出自身方案,贡献了创新样本。

2018 年还流行一个词叫"消费降级",消费降级的印象主要来自社会消费品零售总额统计数据的下滑,但人们对服务的消费在显著地上升,而以旅游为主要支撑的服务消费逆市上扬,正成为中国经济增长的主要推手,也为全球经济提供新的发展动力。

2019 年,旅游行业的全球化融合时代来临,并释放大量机遇,而中国将成为新时代的"领跑者"。中国旅游业的蓬勃发展,以及在国际旅游业中地位不断上升,可以输出的不仅仅是资源、客源或是市场,还拥有全球领先的技术创新能力、精细的商业模式、优质的一站式服务和颇具竞争力的品牌。

在宏观经济稳中求进的一年里,携程以技术催生的 OTA 平台商业模式,在 2018 年,全品牌月活跃用户数超 2 亿,在持续深耕国内市场的同时,在海外的布局也已初步显现,得益于天巡、Trip.com 等其他子品牌的海外布局,其中海外平台用户占比已经高达 45%。

用户浏览、搜索、预订行为每天产生 50 TB 以上的海量数据,携程结合大数据更好地服务于用户,用技术提供精准匹配产品和服务,此外还通过规模优势让供应链效率更高,成本更低。

(资料来源:根据《领跑旅游全球化》一文整理,http://finance.sina.com.cn/roll/2019-01-31/doc-ihrfqzka2500030.shtml.)

问题:
1. 生活中有哪些经济全球化现象?
2. 旅游全球化领域有什么新现象?

第一节 认识旅游市场细分

经济全球化趋势在最近十几年表现得尤为突出,很多企业建立了全球连锁体系,产品遍布世界。丰田、大众、拜耳、壳牌等知名品牌打入各大洲市场。在服务行业,沃尔玛、7-11 便利店也为人们所熟知。最近的互联网 5G 技术和人工智能的发展也助推了这一进程。面对这一趋势,市场主体的反应是迅速的,例如,喜达屋首席执行官及其团队曾经亲自在上海扎点工作,并观察和研究我国消费人群,认为未来出国旅游的中国人会增加。[①] 人们所熟悉的麦当劳和肯德基也是如此,在进入我国市场前也做了大量研究工作,以适应地区市场。中国加入 WTO 后,旅游市场也逐步加入了这一进程,活力、机遇与挑战并存。面对全球化快速发展的大趋势,如何有效地对偌大的市场进行细分化,以便更合理地开展市场营销,是现今各个旅游企业都需要思考的问题。

旅游市场细分

一、旅游市场细分的概念

所谓旅游市场细分,是基于全球化背景提出来的。旅游市场细分是指在全球化背景下,旅游市场发生了极大的变化,旅游企业、旅游目的地以及旅游社团根据世界各地消费者不同的个性特点、娱乐休闲需求、消费习惯和消费水平,将整体的旅游消费市场划分为若干个相应的消费群体的过程。这些消费群体互相影响,各有特点,彼此之间具有明显的差异性。

在这一过程中,细分市场更多时候是指被划分出来的每一个消费群体,构成这个细分市场的所有消费者都具有相同或相似的消费偏好或利益需要。因此,细分市场具有社群性。同时,由于个体差异较大,细分市场还兼具个性。从全球化的市场细分过程来看,旅游市场细分建立在市场调研的基础之上,通过收集和分析不同消费人群的特点,判断其消费需求,最终制定出相应的营销策略。

[①] 菲利普·科特勒,凯文·莱恩·凯勒. 营销管理(第 15 版)[M]. 何佳讯,于洪彦,牛永革,等,译. 上海:格致出版社,2016.

由于供给能力和自身条件的限制,旅游企业和旅游目的地能够提供的商品和服务是有限的,不可能满足所有人群的消费需求。因此它们必须找准自己力所能及的消费人群,才能更好地实现盈利。再者,尽管一些旅游企业和旅游目的地具有足够的实力,能够满足多样的消费需求,但是出于降低营销成本、优化经营的考虑,它们通常都仍然重视对市场进行细分,避免投入不必要的成本。因此,旅游市场细分是旅游企业和旅游目的地优化营销策略,做到有的放矢的必经之路。

二、旅游市场细分的标准

消费需求的差异决定了市场细分的差别。消费需求又是由很多因素组成的,比如人口因素、地理因素、心理因素、行为动机因素、文化因素等。因此,本书将市场细分标准分为地理因素细分标准、人口统计细分标准、社会文化细分标准和旅游行为细分标准。

（一）地理因素细分标准

按地理因素划分,如按照国家、省(州)、城市、跨行政区划的市场地域等条件划分,是切实符合地区发展需求的,因为居住在同一地域的人往往有相似的需要或者消费导向。按地理因素划分有如下几个变量。

1. 洲际、国际、市际变量

如全球六大洲旅游区域,亚洲市场的东亚、东南亚、西亚区域,我们国家不同地区的旅游区域,华北消费市场、东北消费市场、华东消费市场、华南消费市场、西南消费市场、西北消费市场等;又比如不同城市的旅游区域,上海市的旅游消费市场,桂林市的旅游消费市场,均有较大的区别。

2. 气候变量

气候对旅游市场的影响很大。如海南常常成为国内外游客的重要旅游目的地;桂林也因瑰丽的山水风景和宜人的气候长期处于旅游市场的重要位置;冬季的哈尔滨、长春等北方城市同样成为旅游的黄金目的地。

3. 距离变量

旅游目的地与游客所在地之间的距离往往成为重要的考虑因素。远程、中程、短程的旅游有相应的顾客群。然而在全球化发展进程下,洲际航班和铁路网络的快速发展拉近了旅游距离,距离的远近问题不再是人们外出旅游重点考虑的因素。

（二）人口统计细分标准

各种人口的统计变量,如年龄、性别、家庭生命周期、职业、教育程度等,成为旅游市场细分中的人口统计变量,其群体特征更容易被识别,比如相应的年龄群体有相似的心理动机,如老年人更倾向于康养旅游,年轻人则偏好文化旅游和具有探索性的旅游项目。

1. 受教育程度

受教育程度是最近关注较多的变量,随着高等教育的深入发展,越来越多的年轻人获得了一定的学历教育和学位,随之而来的是知识水平的提高和旅游需求的增加,对他们而言,通过旅游扩展视野是不错的选择。

2. 性别、家庭生命周期

性别、家庭生命周期则是传统的变量。男性与女性在旅游产品选择实践上的差别较大，男性更喜欢具有挑战性的，或者具有科技含量的旅游项目；较多的女性旅游者比较重视产品的体验，以及综合性。不过随着全球化的深入，因性别界限产生的旅游选择差异日渐模糊。

3. 职业

职业对旅游者的影响更多地体现在旅游开支和旅游路线的选择上。通常情况下，拥有一定经济实力的中产阶层更喜欢设计旅游开支表，也更倾向于提高旅游品质。最近十几年的经验表明，学生群体和自由职业者也开始自主设计自己的旅游项目，这对旅游市场而言，多了很多可能性。

（三）心理细分标准

心理细分主要是根据旅游者的个性特征、爱好、兴趣、生活方式等因素来划分市场。随着社会的发展和人们生活水平的提高，消费者的需求往往呈现从低层次的功能性需求向高层次的体验性需求发展，消费者除了对产品的核心功能提出更高要求外，对品牌的附加价值也有了更多期待。消费者的心理特征和生活方式上的差异，会导致对价值内涵和旅游服务产品的需求差异，对同一种旅游产品出现不同的需求和购买动机。

1. 个性

个性是一个人心理特征的集中反映，个性不同的消费者往往有不同的兴趣偏好。不同的消费者成长于不同的家庭环境和社会环境，后天的学习和生活造就了独特的个性。有的人喜欢热闹，于是前往大都市和主题公园旅游；有的人喜好安静，于是自驾出行，出远门体会山水自然之美；也有的消费者喜欢文艺，追求旅游纪念品的文化创新设计。

2. 生活方式

生活方式是人们一切生活活动的典型方式和特征的总和，包含物质资料消费方式、精神生活方式以及闲暇生活方式等内容，它通常反映出个人的情趣、爱好和价值取向，具有鲜明的时代性和民族性。

2018年酒店行业的热词"生活方式"正是对当前消费升级、体验需求升级的积极回应。用一个公式表示就是：生活方式主题酒店＝社交、千禧一代、房＋X，其中"X"包括咖啡、酒、书、摄影、音乐、运动健康、时尚艺术、浪漫文化等不同主题。市场上有影响力的几种生活方式酒店有以下几种：

（1）针对爱玩、喜欢聚会的年轻人而打造的社交主题酒店，如米町轻主题酒店；

（2）针对情侣、浪漫人士打造的浪漫主题酒店，如一誓玫瑰浪漫主题酒店；

（3）以人文、温暖、有趣的生活方式为切入点的主题酒店，如亚朵；

（4）在传统酒店的基础上添加了艺术中心、酒窖、礼堂、联合办公空间等设施，品位卓越的生活方式类主题酒店；

（5）高端艺术类生活方式酒店，如缘文化精奢酒店；

（6）针对音乐、电影爱好者而打造的主题酒店品牌，如网易云酒店；

（7）跨界打造的主题酒店，如宝格丽、MUJI酒店等。

(四)旅游行为细分标准

旅游行为细分是按照旅游者的购买时间、利益追求、消费频率以及品牌忠诚度等来细分旅游市场,它也是与其他细分变量结合进行的。

1. 购买时间

旅游活动常常受到季节、气候、节假日的影响。对于学生群体而言,寒暑假及春假是旅游的好时候,这时候往往也是旅游目的地最忙碌的时间。国家法定节假日、国际会展、体育赛事等增加了旅游消费的机会,对于大多数城市中产消费群体而言是极佳的旅游时机。

2. 利益追求

不同旅游者对于同一类旅游产品的消费往往呈现不同需求,对于外出旅游来说,有的消费者是为了欣赏大自然的美景;有的是为了感受不同的地域文化风情;有的是为了追求冒险刺激的生活;还有的仅仅是为了逃避现实忙碌枯燥的生活,调养身心。因此,旅游经营者需要了解旅游者的利益追求是什么,有针对性地为之提供产品和服务。

3. 消费频率

根据旅游者购买旅游产品的频率,我们可以把旅游者分为初次购买者和多次购买者。比如,对于初次来桂林旅游的消费者,建议游览桂林经典产品"三山两洞一条江",即象鼻山、叠彩山、伏波山、七星岩、芦笛岩和漓江。对于多次来桂林的旅游者则可以推荐深度民俗体验游、少数民族手工艺制作体验游、桂林山水主题绘画游、热气球游等不同主题与形式的深度游产品。

知识链接　携程:2019国民旅游消费报告

2019年,国民旅游消费需求持续释放,旅游消费能力不断刷新纪录。其中,一线、新一线城市消费力处于领先地位。2019年旅游消费二十强城市依次为上海、北京、广州、成都、深圳、杭州、重庆、南京、天津、武汉、西安、苏州、青岛、长沙、昆明、沈阳、宁波、东莞、郑州、佛山。张家界、义乌、喀什、宜兴、西昌、丽水、开封、荆州、遵义、泰安等三四线城市旅游消费潜力持续释放,2019年人均消费同比增长50%以上。

大众旅游需求的不断升级让包机游、禅修旅游等新玩法流行起来。2019年第四季度,有近万名游客体验私人飞机出游,上海、昆明、大理、丽江、三亚、成都、长白山是热门目的地,其中,单笔包机游的最大订单达百万元级别;走进深山禅院放空自己或到偏远山林中"隐居"一段时间,也受到游客追捧,武当山、青城山、峨眉山、五台山、嵩山等地禅修旅游热度居高不下。

不仅热衷新玩法,越来越多敢玩敢花钱的国人,也不断刷新出游纪录。《携程:2019国民旅游消费报告》(以下简称《报告》)显示,2019年"最大金额旅游订单"来自携程辽宁某门店的一个邮轮订单,总金额超过1100万元,共有3000人一同出行;一位来自威海的游客全年花费60万元,打卡世界各地五星级酒店,成为2019年住酒店花费最多的用户;2019年最能飞的用户来自成都,全年飞行次数达112次,飞行里程数相当于绕赤道8圈。

随着年轻消费力量的不断崛起,"90后"已超越"80后",成为旅游消费主力。2019年通过携程预订产品的用户中,"80后"以35%的占比排在第一位,其次是"90后",占比为36%(其中,"95后"占比为17%),而"70后""60后""00后"占比分别为17%、6%、4%。"95后"偏爱个性化深度体验,热衷于"一地多刷"。一年中多次到访同一目的地的人数同比增长超过160%,日本、泰国、中国澳门、美国、马来西亚、越南、菲律宾、印度尼西亚、新加坡等地是"95后""一地多刷"的热门出境游目的地。

《报告》显示,得益于电竞酒店的出现,旅途中继续组团"开黑"成为现实;同时,在酒店房间就能体验"私人影院"的电影酒店兴起,使旅行夜生活变得丰富。2019年,近40%的"电影酒店""电竞酒店"的住客为更敢于尝试新潮玩法的"95后"。

此外,老年人的消费力也不容小觑。2019年,有超过300万名生于1949年的"共和国同龄人",走向全球超100个国家,因为假期长加上手握充足的养老金,前往美国、澳洲、加拿大等国家旅行的老年人占比远高于"90后"。

同步案例　　成功的婚恋旅游　　老年婚恋旅游

《深圳晚报》2011年11月4日头版头条以《爱情旋风掠过中山》为题刊发了这样一条新闻:2011年11月,《深圳晚报》和深圳中国国际旅行社组织举办了老年人的婚恋旅游活动。11月4日早上,在市博物馆门前,12辆豪华大巴载着480位单身老人,徐徐开动,带着他们的欢笑与希望,直赴中山市。《深圳晚报》与深圳中国国际旅行社新景界长者旅游俱乐部联合举办"第三届夕阳红鹊桥会"再一次受到单身老人的热烈欢迎,很多人非常踊跃地报名参加。这在经营上也有所体现,营业部报名点的电话不断,老人络绎不绝上门登记。仅10余天,参加的老人就达480人。此外中山市尚有一批单身老人在等候这个机会。

早上7点不到,就有许多子女与亲属带着老人来到集中地点。老人对这个活动显得很有热情,非常兴奋。老人表示,"夕阳红鹊桥会"使他们焕发青春。关于这次活动的行程和内容,也有老人表示,这次到中山,有缘者将结为伴侣,即便一时没有找到合适的对象,也旅游了一趟,可领略到中山古城和岭南水乡的风情,并可结交一批朋友,的确为一大乐事。

此次活动同样受到社会的广泛关注,有许多报纸、电视台、电台等媒体记者跟随采访。如《深圳特区报》《深圳商报》等媒体派出了多名记者全程报道,还有晚报采用大量篇幅报道这次活动。

一时间,鹊桥会成了热门话题,而策划并成功组织这次活动的深圳中国国际旅行社新景界长者俱乐部也一时间名声大噪,深入人心。随后,该俱乐部的长者旅游团也被推向了新的高潮,新景界长者旅游俱乐部经过近两年的努力,成为深圳长者游的首选品牌。

(资料来源:深圳晚报,2011年11月4日,有改动。)

问题:
1. 老年婚恋旅游的难点在哪里?
2. 请谈谈策划长者旅游的人文关怀。

三、旅游市场细分的意义

旅游市场细分具有多方面的积极意义:①旅游市场细分有助于旅游产品的营销者明确并选择适合自己经营的目标市场。旅游市场细分的过程包括对消费人群的消费偏好、需求以及潜力的调查,这些因素都能够指导营销者选择合适的目标市场。②旅游市场细分有助于旅游产品的营销者从目标市场的偏好与需求出发,确定自己的产品定位,并且针对性地开发出新的产品和服务项目。③旅游市场细分有助于企业合理规划资源分配,扬长避短,最大限度地发挥出自身的优势。大型旅游企业尤其要关注市场细分,合理规划资源,避免出现战略不当的现象。④旅游市场细分还有助于企业把握市场实时动向,制定出灵活的竞争策略。在全球化进程中,各种信息和资源流动性加大,只有市场细分才能及时反映旅游市场的动态变化,企业需要根据这些细微的变化调整自己的战略。

四、旅游市场细分的程序

(1)调查旅游市场范围并确定市场需求。这是最重要的一步,每个旅游目的地或者旅游公司都应该有自己的团队,便于调查消费者的动向和需求。

(2)分析旅游市场的潜在可能性。越来越多的市场调查机构注重消费者个体的分析,这有利于掌握市场内部的发展动向和潜在可能性。

(3)确定市场细分标准。旅游目的地和旅游企业必须区分,哪些因素是对市场细分重要的,哪些是次要的。

(4)为细分市场命名。将上述工作归档、整理与分析,划分不同的群体和子市场,并且根据其特征,标注命名。

(5)分析细分市场结构和特点。深入考察各细分市场或者子市场,评估细分市场的变化,看看是否需要调整之前的工作。

(6)评估市场。旅游目的地和旅游企业事后评估是很重要的,评估市场有助于其了解前期的投入方向和策略是否合理,并且为下一步的工作打下基础。

第二节 目标市场选择

一、旅游目标市场的概念

旅游目标市场是指旅游目的地和旅游企业依据市场细分的实际情况,选出具有针对性的消费者群体,为其提供旅游服务。这一类群体,可以称为旅游目标市场。旅游目的地和旅游企业围绕着细分市场展开营销,因此选择合适的目标市场是市场细分的结果。

二、旅游目标市场的模式

(一)精准模式

旅游目的地和旅游企业从细分市场研究结果出发,将目标精准集中在某一些细分市场上进行精准营销。旅游企业针对某一细分市场,可能只生产一种旅游产品,也可能只生产一系列旅游产品。

(二)专业化模式

旅游目标市场专业化模式包括产品专业化、市场专业化和区别性专业化三种。

1. 产品专业化

旅游目的地和旅游企业向不同的细分市场提供某一专业化产品,这一产品往往具有较高的质量,内容层次丰富,主题鲜明,档次定位合理,是旅游目的地和旅游企业的标杆产品。

2. 市场专业化

旅游目的地和旅游企业向不同的细分市场提供某类专业化旅游产品。这类产品往往能同时满足某类细分市场的大部分需求,这就要求旅游目的地和旅游企业拥有较强的研发能力,并且能够灵活运用资源。

3. 区别性专业化

旅游目的地和旅游企业针对特定的细分市场,选择不同的对象,为其提供不同的旅游产品或者旅游服务。

(三)全面模式

旅游目的地和旅游企业选择整个市场进行营销,为整个市场提供完整的旅游产品和服务。这是实力强大的旅游目的地和旅游企业常常考虑的范围。它涵盖了旅游的方方面面,具有综合性。

三、旅游目标市场策略

(一)无差异策略

在旅游市场中,不少企业认为面对复杂的旅游细分市场,应该以市场发展大方向为主,

提供无差异性的旅游产品和旅游服务。无差异策略有以下优点：第一，具有普适性的旅游产品和旅游服务往往能符合大部分消费者的喜好，会在短期内建立自己的品牌形象；第二，营销方式也较为好选，效果较佳；第三，在成本控制上占优，能快速生产产品并投入市场，为企业赢得时间。比如，对于旅游交通服务，大多数旅游者的需求趋同，因此，旅游交通企业面向所有游客提供相同的交通代步服务，各个城市的旅游车和旅游观光车在外观、服务、票价等方面均大同小异。

（二）差异性策略

差异性策略是指旅游目的地和旅游企业在经过市场分析之后，选择其中之一或者几个细分市场作为主攻目标，按照其动机和需求设计旅游营销方式和旅游产品，精准定位，差异营销。这一策略实际上是市场多元化的选择，具有如下优点：第一，市场应对和反应速度较快，产品线丰富，有利于扩大销售量，降低经营风险；第二，具有小、快、灵的特点，产品和服务较有个性，深受消费者喜爱。缺点是旅游目的地和旅游企业需要专门组织研发工作，无形中增加了工作成本。因此这一策略比较适合旅游发达的地区或者旅游集团使用。比如，华住酒店集团旗下拥有 6 个品牌，包括定位高端的禧玥酒店、度假酒店品牌漫心度假酒店、中档品牌全季酒店、非标中档品牌星程酒店、经济品牌汉庭酒店等，以满足不同市场的需求。

（三）集中性策略

集中性策略是指旅游目的地和旅游企业通过分析自身资源和优势，针对特定的或者少数细分市场，高度化生产、营销和服务，以创造品牌效应。这一策略的优点是：组织效率较高；可以优化旅游产品结构；适合中小旅游企业转型。比如，专做老年旅游市场、专做研学旅游市场。

（四）综合策略

综合策略是指旅游目的地和旅游企业在经济全球化过程中，为了应对瞬息万变的市场，采用上述几种策略的综合形态，以应对消费者的细分。一般而言，大型旅游公司或者垄断性的企业有能力采用综合策略。

同步案例

2015 年上半年，江西全省累计接待游客 1.8652 亿人次，同比增长 23.99%，旅游收入增幅连续 30 个月超过 35%。江西旅游快步递增的数据体现着越来越多的游客对江西的青睐。而在休闲度假旅游蓬勃发展的大背景下，江西旅游正不断彰显新常态下的新动力。与传统旅游形态相比，健康养生休闲度假旅游的目的在于放松身心、怡情养性、强身健体、延年益寿等，具有滞留时间长、旅游节奏慢、消费能力强、重游率高等特点。

在抢抓健康养生产业迅猛发展机遇的基础上，培养新型旅游业态，发展健康养生休闲度假旅游是适应旅游新常态的迫切需要。近年来,伴随人们生活水平的提高、出行方式的变化及节假日制度和带薪休假制度的日益完善,"说走就走的旅行"日渐成为现实。在南昌,一到周末,安义古村、梅岭景区、位于南昌周边的靖安等地都会成为自驾休闲游的热点。

当前,江西旅游六要素中,吃、住、行、游等强制性消费占比过高,而购、娱等自主性消费占比较低。如何保证景区门票下降而旅游总收入不减?关键就是要转型。而健康养生休闲度假旅游有利于打破门票依赖、提高旅游综合收入。

庐山进行"一票制"改革的直接结果是景区门票收入减少,这倒逼景区转型升级,完善产业链条。景德镇古窑民俗博览区则不断开发便于携带的旅游商品,增加拉坯、画坯等旅游体验,进行科普知识传播等,都是为了满足游客对于购物娱乐日渐多元化、个性化的需求。

江西旅游资源丰富,生态环境良好,在发展健康养生休闲度假旅游方面有得天独厚的优势。但面对旅游资源同质化的问题,如何在众多的旅游目的地中脱颖而出?怎样才能真正打动游客的心?位于婺源县的九思堂度假宅院,就是利用了一座徽商老宅,经过修缮和改造,成为一座生活度假宅院,形式新颖,受到市场热捧。同时,要积极推进旅游产业与新型工业、现代农业、现代服务业等领域的深度融合,大力发展"旅游+"业态,如樟树中国古海养生旅游度假区,将原本是工业原料的岩盐资源成功打造成"湛蓝的神奇死海"养生旅游产品,并以药为媒,逐渐丰富药文化产业链条。

目前,江西旅游产业发展基础扎实,拥有庐山休闲避暑游、井冈山红色文化体验游、三清山栈道运动游、武功山帐篷体验游等健康养生休闲度假旅游产品,一批健康养生休闲度假旅游新项目也正在运营或者建设中。在高铁、高速公路等交通条件不断完善的情况下,江西与上海、杭州、广州、深圳等重点客源城市的联系进一步加强,正在逐步成为长珠闽健康养生休闲度假旅游消费群体的首选地和必选地。

虽然江西已形成以山地避暑、温泉养生、水域运动休闲、乡村民宿、城市生活、中医康体和宗教静养为主的七大类休闲度假旅游产品,但江西的健康养生休闲度假旅游仍处于起步阶段,相比其他发达省市,仍存在一定差距。为此,江西将重点开发自驾车旅游、中医药康体养生度假、商务会展休闲旅游、体育运动与户外探险旅游、通用航空低空飞行旅游、研学旅行等产品,将新业态旅游产品打造成江西休闲度假旅游发展的新亮点;完善公共服务体系,加强旅游景区(点)的交通、水电、通信、卫生等基础设施建设,提升健康养生服务质量和水平,拓展休闲旅游客源市场,构建智慧旅游服务管理营销体系等。

不仅如此,江西省旅游发展委员会还充分发挥综合协调功能,将各部门、各系统的相关政策聚焦到健康养生休闲度假旅游发展上来。财政、发改、交通、住建、卫生、文化、体育等有关部门将结合实际,制定扶持和支持健康养生休闲度假旅游产业发展的政策措施。各地也将发展健康养生休闲度假旅游放在重要位置,统筹协调,加大投入,创造良好的发展环境。江西还将充分激发现有医疗机构、体检中心、养生保健机构、健康管理教育机构、健康养老机构、中药企业、旅游景区、旅游企业的积极性,拓宽健康养生休闲度假旅游产业的边际与范围,促进医疗、卫生、教育、宗教、旅游等相关领域和相关产业的融合发展,实现全社会共促健康养生休闲度假旅游发展的生动局面。

(资料来源:中国旅游报,2015年8月5日,有改动。)

问题:

江西如何在众多旅游目的地中脱颖而出?

第三节　旅游市场定位

一、旅游市场定位概述

旅游市场定位是指旅游目的地或者旅游企业,研究旅游消费者动机、需求,以及市场细分,从而确定自己的发展策略,制定相应的营销方案,建设优秀的品牌形象,提供高质量的旅游产品,从而赢得市场竞争。

旅游市场定位关系到旅游目的地和旅游企业的品牌形象价值,对开拓市场、占领市场、市场竞争有着重要的作用:①提高旅游目的地的地位,发展企业个性;②有利于旅游市场各方的良性沟通;③为各类旅游企业实现可持续发展打下基础。

认识定位

同步案例　　亚洲第一大跨国瀑布——德天瀑布

20世纪90年代的中国瀑布旅游市场,北有黄河壶口瀑布,南有黄果树瀑布,黄河壶口瀑布定位于"世界上唯一一条金黄色干流大瀑布",是"黄河之心,民族之魂",黄果树瀑布地处贵州安顺市镇宁布依族苗族自治县,属珠江水系西江干流南盘江支流,有壮丽河山和布依族风情。那个时候的德天瀑布刚刚被开发,地处中越边境线,属中国、越南两国之间的中越界河归春河,河水从中国广西大新县硕龙镇德天村浦汤岛上奔涌下来形成瀑布,一侧较小水流的是越南的板约瀑布,另一侧大气磅礴、气势雄浑的是中国的德天瀑布,瀑布跌宕三级冲下崖壁,夏季如万马奔腾,震人心魄,其定位于"跨国瀑布",堪称亚洲第一。所以,如果你想不出国门就领略异国风情和广西绮丽壮美的山水风光,非德天瀑布莫属!正是在这样准确的定位下,德天瀑布一推向市场就迅速在粤港澳地区走红,成为广西中越边境跨国游的当家花旦。

问题:

德天瀑布走红的原因是什么?

二、旅游市场定位程序

(一)确定范围和领域

旅游目的地、旅游企业需要根据市场实际情况,结合自身的经营范围,确定旅游市场的范围和企业所需要开拓的领域。

(二)研究消费者动机和需求

旅游企业需要组织专门的部门,对自己的业务领域开展研究。尤其需要重点研究旅游消费者的动机和需求。消费者动机和需求直接影响到了旅游企业的定位方式和策略。

(三)研究行业竞争

经济全球化给旅游业带来的影响是旅游企业和产品的同质化,相似的产品和服务越来越多,行业内部的竞争压力加大,差异化竞争的技术难度逐年增大。因此,旅游企业必须修炼内功,研究行业以及竞争者的情况,避免闭门造车,盲目发展。

(四)确定自身定位

在上述努力之下,旅游目的地和旅游企业可以逐步确定自身定位。旅游定位讲求因地制宜,随机应变。然而,了解自身优势和劣势是最重要的步骤。只有立足自身优势,才能找到合理定位。对于大型企业而言,这点尤为重要。

(五)评估市场定位

这是旅游目的地和企业急需解决的问题。很多企业在这方面做得并不是很好,忽视了市场和消费者的回馈,尽管这一回馈并不是每时每刻都很系统。细节化的市场调研和分析将成为旅游企业今后的重要工作,以避免过高或者过低的市场定位,影响了企业的营销效率。

三、旅游市场定位策略

(一)避强定位(补缺定位)

避强定位指回避与目标市场上的竞争者,将其位置定在市场"空白点",开拓新的市场领域。如德天瀑布对自己的定位"亚洲第一大跨国瀑布"。

定位策略

(二)对峙定位

对峙定位指企业选择靠近现有市场强者企业的附近,或重合的市场位置,采用相同的营销策略,争夺同一个市场。如肯德基和麦当劳的定位。

(三)比附定位

比附定位指企业借助市场上现有知名产品的声望,找到相互之间的联系,以期让消费者对自身产品产生正向的联想和好感。如北海银滩在开发初期的口号为"东方的夏威夷,南方的北戴河"。

(四)重新定位

重新定位指旅游企业通过改变产品特色等手段,改变消费者对产品的认知,塑造产品新形象。

同步案例　　新景界的品牌营销战略

深圳国旅作为一家知名企业，曾经针对旅游行业特别是旅行社行业进行研究与分析，其认为需要重新定位，打造自身优势品牌效应。于是，深圳国旅决定推出新景界品牌战略，发挥自己的长处。

新景界的标志由红色和橘黄色组成，鲜明而热烈，简洁大气，具有很好的色彩搭配艺术和视觉冲击感，是典型的现代设计。标志出来之后，大家认为其他同行业的标志与其区别很大，其区分度和可识别度高。比如标志中的"眼睛"，引人注目，象征着用眼睛和心去体会旅游的美景之境。同时也体现了新景界对实践的憧憬和向往。

深圳国旅新景界品牌战略根据目标客户的需求，主导"价值旅游"，提出"人性化""个性化"的旅游，企业理念清晰，定位准确，注重品质，塑造了良好的品牌形象，获得了消费者和同行的认可。

（资料来源：根据《新景界的新境界》一文整理，http://blog.sina.com.cn/s/blog_8356f8f50100vfq9.html.）

问题：
新景界运用的是哪种定位方法？

本章小结

本章对旅游市场细分的相关问题进行了介绍。旅游市场细分研究包括旅游市场细分的标准和程序、旅游目标市场的确定、旅游目标市场策略、旅游市场定位的程序与策略等问题。旅游市场可按照地理因素细分标准、人口统计细分标准、社会文化细分标准和旅游行为细分标准进行市场细分，并在市场细分的基础上，确定目标市场。旅游目标市场包括精准模式、专业化模式、全面模式三种，可采用无差异策略、差异性策略、集中性策略、综合策略开展旅游目标市场营销。

旅游市场定位关系到旅游目的地和旅游企业的品牌形象价值，需要通过确定范围和领域、研究消费者动机和需求、研究行业竞争、确定自身定位、评估市场定位等步骤进行市场定位。可采用的旅游市场定位方法有避强定位、对峙定位、比附定位与重新定位。

关键概念

市场细分(market segmentation)　　目标市场(target market)
无差异策略(undifferentiated strategy)　　差异性策略(differentiated strategy)
集中性策略(concentrated strategy)　　市场定位(market positioning)

复习思考

1. 旅游市场细分的概念和意义是什么?
2. 旅游市场细分的标准有哪些?
3. 旅游目标市场怎么确定?
4. 旅游目标市场可采用的策略有哪几种?
5. 旅游市场定位的概念是什么?
6. 选取一家旅游企业,分析一下如何开展旅游市场细分调研。
7. 结合旅游企业现况,分析如何理解旅游市场定位。

案例分析

张家界旅游营销立体宣传矩阵,为"张家界民宿"助力

2019年6月10日至14日,湖南省第八届网络文化节之"我行我宿"网络名人探访张家界主题活动在张家界举行。活动采用体验式、互动式的传播形式,通过互动、跟帖,话题讨论量达到1.1万个,成为旅游营销的新亮点。

在多年旅游实践中,张家界坚持生态优先、绿色发展理念,逐渐走出了一条可持续发展之路。建市多年来,其不断拓展旅游产品的内涵和外延,积极实现从旅游观光游到休闲度假游的转变。张家界民宿业发展根植于特色地域文化,借助张家界独特的地貌景观,在"民宿+"方向持续发力,深度融合,逐渐建设独具特色的旅游品牌,初步形成了武陵源民宿圈、天门山民宿圈、大峡谷民宿圈与西线民宿线。2019年4月下旬,"2019·张家界民宿旅游年"活动正式启动,拉开了民宿旅游的序幕。

活动中,网络名人组成立体宣传矩阵,通过微博、微信、抖音等网络平台,以图文、视频、直播等方式展示张家界民宿、传播张家界旅游形象。网络名人通过"打卡"民宿、景点,体验土家拦门酒、篝火晚会等系列特色活动,个性化展示了张家界民宿以及美景、美食的魅力。

"我行我宿"活动在媒体营销上力行主流媒体与新媒体相结合。其与主流媒体合作,参加网络文化节,得到了中央、省委网信部门的大力支持。湖南日报、湖南卫视、张家界日报、张家界广播电视台纷纷报道,并且发布至新湖南、时刻新闻、红网等主流网站。此外,省内外及张家界本地网络名人通过自媒体,在微博、微信以及抖音等多种新媒体平台实时直播和上传张家界民宿游,形成强大宣传合力。

主体活动结束后,一些网络名人还在继续延伸话题热度,拓展"我行我宿"宣传深度和广度,解读文化旅游,传播独特理念,通过纵深传播形成新一轮的宣传热潮。5天为张家界旅游收获1.5亿次关注。

(资料来源:根据《1.5亿流量的背后:解密旅游营销的"张家界方式"》一文整理,https://baijiahao.baidu.com/s?id=16368270896328776922&wfr=spider&for=pc。)

问题

1. 张家界民宿旅游目标设立的依据是什么?
2. 张家界媒体营销成功的原因是什么?

第五章

旅游市场调研

学习目标

通过本章的学习,使学生了解旅游营销调研的概念、作用,熟悉旅游营销调研的类型及营销调研工作的基本程序;掌握营销调研中资料搜集的基本方法;了解调研报告的基本结构,能够为旅游企业撰写调研报告。

案例引导

中国旅游研究院在全国60个重点旅游城市就2017年第二季度居民出游意愿进行调查。调查显示,第二季度的居民出游意愿为81.1%,其中16.8%的人选择清明及四月出游,形成清明旅游小高峰。以踏青赏花为代表的近郊游、跨省游、自助游是主要的出游方式。国内的江南、西部地区,境外的日本、新马泰、越南等地是出游的热点目的地。

从游客流向来看,居民出游以近郊游(占33.2%)为主,其次是跨省游(占31.8%)、港澳台旅游(18.2%),以及出国游(16.8%)。其中,近郊游以祭拜、踏青、采摘、亲子游、乡村游为主。杭州、苏州、成都、西安、三亚、张家界等地是跨省游热门目的地,风景优美的江南地区和西部自然文化景观密集区受到清明出游者的青睐。受韩国政策等因素的影响,赴韩旅游意愿出现较大幅度下降,中国香港和台湾地区,以及日本、新加坡、马来西亚、泰国、越南、印度尼西亚等地受出境游客欢迎。从客源地构成来看,长三角、珠三角、京津冀及川渝城市圈的居民出游意愿较高,西北部地区的出游意愿相对较低。

从产品需求来看,自然风景区、名胜古迹/古迹公园、现代主题公园是游客较感兴趣的地方,分别占27%、25.9%和22.2%。调查显示,游客出游时间以4—7日以内为主,占56.8%;其次是2—3日以内,占27.1%。从市场供给来看,各类踏青

赏花、主题公园亲子游、周边休闲游、境外海岛休假和观光赏花游等产品一应俱全。清明小长假及四月期间,各旅游线路价格与上一年同期持平,基本维持平日周末价。

出游方式上以家庭和亲友结伴的自助游为主,分别占53%和30.9%。选择"自己组织"出游的人群占80.1%。有42.2%的受访者表示会选择自驾游的方式出行,其次是飞机(占23.5%)和长途客运汽车等公共交通(占17.6%)。

从住宿结构来看,中等价位酒店(二星级、三星级)是居民出游的首选,占58.9%,经济型酒店占30.0%,豪华酒店占9.0%。相比往年,游客对住宿设施的价位约束和品质要求有所提升。

(资料来源:根据中国旅游研究院2017年3月发布的报告整理。)

问题:

第二季度的旅游市场有怎样的出游趋势?

第一节　认识营销调研

习近平总书记指出,调查研究是谋事之基、成事之道。没有调查就没有发言权,更没有决策权。旅游管理部门制定政策,旅游企业研究问题、推进营销工作,必须进行全面深入的调查研究。

旅游市场调研

一、旅游营销调研的概念

旅游营销调研是指旅游企业为了达到特定的经营目标,运用科学的方法,系统搜集、整理和分析有关市场营销的各种信息和资料,从而掌握市场的情况和发展趋势,为旅游企业经营决策提供方案、建议和参考依据的一种活动。通过这个定义我们可以发现,市场调研具有以下几点特性。

(一)科学性

市场调研是在科学的调研框架的指引下,搜集信息资料、比较分析、逻辑推断的过程。

(二)系统性

市场调研的程序是周密细致的规划和安排,调研人员需要按照调研的程序完成调研任务。

(三)辅助性

市场调研的作用在于为管理者的决策工作提供参考依据,以降低决策失误带来的风险,提高决策的效率。由于决策者个人的素质和能力对决策的正确与否同时具有重要的影响,因此,旅游市场调研的质量及决策者个人的素质和能力共同决定了决策的正确性。

二、旅游营销调研的作用

旅游企业开展营销调研主要有以下三方面的作用。

(一)有助于制定科学的营销规划,降低决策风险

旅游企业通过营销信息的收集、整理、分析,可以较为客观、全面地掌握市场的需求情况,把握竞争的态势,这有助于旅游企业制定科学的营销规划,有效降低因决策失误带来的风险。

(二)有助于提高管理者的决策效率

在大多数情况下,营销调研的任务是针对旅游企业营销中存在的问题,搜集信息并提出解决方案,这可以让管理者将重点集中在做出决策上,而非耗费过多精力在数据分析方面,从而提高决策效率。

(三)有助于营销者发现市场机遇,开拓新市场

旅游营销调研有助于营销者把握市场需求,判断市场上还有哪些未被满足的需求,哪些消费者群体是尚未被开发的潜在市场,测评市场上现有产品的顾客满意程度,从而发现市场机遇,开拓新市场。

三、旅游营销调研的类型

在旅游营销调研的研究中,对于营销调研的分类有不同的划分,比较常见的是按照营销问题的性质、调研的目的、资料的来源、资料搜集的方法进行划分,以下主要介绍两种分类方法。

(一)根据调研目的进行划分

1. 探索性调研

探索性调研属于初步资料的调查,一般适用于情况较复杂,难以确定内容与性质的调研。营销者为了了解问题的性质,确定调研的方向与范围,会展开初步资料的搜集,通过这种调研,可以了解情况,发现问题,从而得到关于调研项目的某些假定或新设想,以供进一步调查研究。比如,某旅游景区销量下降,究竟是服务质量的原因、设施设备的原因还是其他方面的原因,营销者无法确定,难以给出对策,此时,就需要通过探索性调研找到销量下降的根本原因,如果确实是因为服务质量所致,那就需要进一步针对服务质量进行深入调研。

2. 描述性调研

与探索性调研相比,描述性调研的目的更加明确,研究的问题更加具体。主要包括两个层次的内容,首先是对市场上存在的客观情况如实地加以描述和反映,描述市场的人口统计特征如旅游消费者的年龄、性别、职业、收入水平、教育程度等情况;其次是对目标市场的旅游消费行为进行描述,如什么时间、什么地点、以什么方式进行购买等,从中找出各种因素的内在联系,即回答"是什么"的问题。比如,要了解疫情防控常态下的酒店业顾客消费情况,通过描述性调研可以发现客源市场的人口统计基本情况,作为酒店可以据此客群特征有针

对性地进行新品开发和促销。

3. 因果性调研

因果性调研是探究市场上出现的各种现象或问题之间的因果关系,即某一变量的变化将会给其他的变量带来哪些相应的变化。如某旅游目的地的旅游政策、促销力度、产品质量、产品价格等因素的变化将导致客源市场需求出现何种变化,因果性调研需要找出这些关系中哪个是"原因",哪个是"结果";哪一个是主要因素,哪一个是次要因素;各因素的影响力度如何。需要注意的是,在开展因果关系调研时,营销人员要保持客观、理性,因为一种现象的出现,如产品销量增加,有可能不是某一个原因造成的,而是多因素共同作用的结果,每种因素的重要程度,都需要认真分析加以甄别。

(二)根据资料来源进行划分

1. 二手资料调研

二手资料调研也叫案头调研,是指调研人员针对某一特定的主题,对已有的资料进行搜集、整理的调研活动。二手资料调研主要有如下优点:收集快速,节约时间,使用方便,信息量大,成本较低(与实地调研相比)。

二手资料的获取来源很广,既可以从企业内部的资料中获取,也可以从企业外部的资料中获取。企业内部资料包括营销数据、产品购买频率、市场占有率、文件记录等;企业外部资料包括所有公开发表的可供参考使用的信息资料,如政府部门、研究机构发布的统计报告,行业协会的调查报告,学术研究成果,报刊资料摘录等。

旅游人员调研常用的信息源包括:①中华人民共和国文化和旅游部发布的统计数据;②各省、市旅游行政管理部门官网发布的统计数据;③国家统计局,各省、市统计局官网发布的统计数据;④旅游行业的知名报刊、期刊如《中国旅游报》《旅游学刊》《旅游科学》《旅游管理》等发布的信息。

由于二手资料多是此前出于其他主题或研究目的的搜集、整理、形成的资料,因此针对新的调研主题已有的二手资料必然存在局限性,有必要通过一手资料调研来补充新的信息资料。

2. 一手资料调研

一手资料调研也叫原始调研,是指专门为了某一调研主题搜集资料、整理、分析资料的调研活动。一手资料调研搜集的资料的可靠性和实效性都很高,但是耗时较长、成本较高是其不足之处。因此,一手资料调研通常是在二手资料调研的基础上,针对现有数据、资料的不足之处有针对性实施的调研活动。

第二节 营销调研的程序

一般来说,旅游营销调研的程序可以包括以下五个步骤,即确定问题和调研目标、制订调研计划、搜集信息、分析信息、提出结论。

一、确定问题及调研目标

旅游营销调研的第一步需要对旅游企业存在的问题进行明确,确定调研的目的和调研的范围,对旨在解决的问题形成具体的调研目标。这些目标在形式上往往表现为需要在调研过程中加以测量和检验的某个或某些假设。例如,自2016年11月30日起国家陆续发布了一系列有关研学旅行的文件(《关于推进中小学生研学旅行的意见》《研学旅行服务规范》),针对新政策的出台,某旅行社打算就研学旅游市场的开发组织一次调研。公司营销经理提出假设:"与过去的情况相比,如今的中小学生比较感兴趣的是参与型的研学旅游活动,这些活动依托国内的研学教育基地或营地展开。"该公司希望通过调研来检测这一假设是否成立。

二、制订调研计划

调研计划是调研活动实施的行动纲领,主要内容包括调研的目标、调研的对象、调研的时间、调研活动的组织形式、调研的方法、经费预算、时间进度安排等。仍以上述旅行社为例,该项目旨在调查分析怎样的研学旅行活动会受到中小学生的喜爱。假定此时是5月,按照公司要求该项目必须在暑期旅游旺季到来之前完成,以便届时可以对该项目的调研结果进行检验。如果该公司预算有限,公司主管可能会决定,先开展二手资料调研,然后根据需要委托专业调研机构向中小学生群体开展调研,搜集数据。

三、搜集信息

搜集信息的过程包括两部分工作,一是利用企业内部资料分析现有的中小学生及学生家长对研学教育旅游的需求特征,或通过外部购买相关的研究报告;二是根据二手资料搜集情况判断是否需要搜集一手资料,如确有必要,调研人员还要判断用何种方法搜集一手资料。常规的做法是以小规模的调查实验,如焦点小组座谈、问卷调查、电话调查等方式开展一手资料信息搜集。

四、分析信息

分析调研信息是根据调研获取的信息资料进行定性分析或定量分析。如上述旅行社的案例,调研人员根据各个焦点小组的发言记录,将信息编码录入,用统计分析软件或文本分析工具分析中小学生和学生家长对待研学旅行活动的态度、需求特征,并将结果形成书面的研究报告。

五、提出结论

旅游市场调研的最终结果是根据调研资料和分析结论写出调研报告,调研报告的编写要求内容客观、语言简练、重点突出、结构完整,以方便决策者使用。

第三节　营销调研的方法

在旅游营销调研中有多种搜集资料的方法,本节介绍一些调研人员常用的一手资料搜集的方法,并辅之以实训项目供大家学习。

一、询问法

询问法是以询问的方式了解情况,搜集资料,是最常用的调研方法。询问法包括面对面访谈、电话访谈调查、邮寄调查等。

(一)面对面访谈

面对面访谈是调查者与受访者通过面对面交谈的方式来了解受访者态度和行为的调查方法。面对面访谈可以在任何选定的地点进行,如受访者家中、旅游景点或办公室。访谈使用的调查问卷既可以采用封闭式问题也可以采用开放式问题。

1. 面对面访谈的优点

(1)开展方式灵活。访谈者能够根据现场受访者的回答情况决定提问的方式,把握节奏。

(2)适用范围广泛。不同性别、不同年龄、不同职业、不同文化水平的受访者只要具有一定的语言表达能力,就可以采用访谈的方法进行调查。

(3)能够简单而快速地搜集到多方面的信息资料。

2. 面对面访谈的缺点

(1)访谈员需要受过专门训练,具备一定的技巧。

(2)比较费精力、费时间,工作成本较高。

(3)受访者的回答有时会受到访谈员的价值观、态度、谈话的水平影响,造成访谈结果出现偏差。

(二)电话访谈调查

以打电话的方式开展的访谈调查,调查者将问卷的内容输入计算机,就可以直接从显示屏读取调查的问题,被调查者的回答也可以直接录入计算机,进行数据分析。

1. 电话访谈调查的优点

电话访谈的调查速度比较快,成本相对较低。

2. 电话访谈的缺点

调查过程中调查人员和被调查者沟通时间通常很短,且不少被调查者直接拒接电话。

(三)邮寄调查

调查人员直接将调查问卷邮寄给调查对象,要求他们填写完毕后在规定的时间内寄回。采用此调查法的问卷必须简洁明了。现在,随着网络技术的普及,以电子问卷的形式发放问卷也很常见,问卷通常会请权威机构发布,同时附赠一些小礼物,以提高回收率。

1. 邮寄调查的优点

(1) 被调查者自行填写问卷,不存在面对面访谈中被调查者误导的情况。

(2) 被调查者可以自行安排填写的时间,比较方便。

2. 邮寄调查的缺点

邮寄式问卷的回收率比较低。

二、观察法

观察法是调查人员在不向调查对象提问的条件下,通过各种方式观察、记录调查对象行为的资料搜集方法。观察法包括直接观察法和间接观察法两种。

(一) 直接观察法

调查人员通过对调查对象行为的直接观察,搜集信息资料。如旅游景区的管理者可以通过直接观察了解游客量、统计客流规律和各旅游项目的体验人次,以考虑是否需要重新设计旅游项目的主题及布局。在景区的商品部入口处,通常陈列着新产品或季节性商品,游客走入商店通常会注意到并且选购这些商品。调查人员可以通过直接观察,掌握游客对新产品或季节性商品的注意力及消费情况,通过调整商品种类、布局等方式提高销量。

(二) 间接观察法

调查人员以旁观者的身份观察调查对象,从而发现并掌握信息的调查方法。比如,餐饮业的经营者为了了解菜品的受欢迎程度,通常不是直接询问顾客,而是定期去盛放残羹的垃圾桶察看,从而获得哪些菜品不适合顾客口味的信息,并进行调换。

在技术普及的当下,调查人员和旅游企业的管理者往往会借助仪器设备进行观察。如景区入口处的自动计数器,统计进入景区的游客人数;进入旅游目的地城市的主要路口设置记录仪用以统计进入的车辆数,以及经过的时间等。

三、实验法

实验法是自然科学研究中的主要研究方法,用于调查或测量某一变量的变化对其他变量的影响,包括实验室实验法和现场实验法。在旅游业的营销调研中,这一方法的应用目前还不多。

(一) 实验室实验法

实验室实验法指在具有特殊设备的实验室内进行的实验。这种实验通过良好的设计与先进的仪器获得准确的数据。

(二) 现场实验法

现场实验法是指在实际工作场所进行的实验。实验能和正常的工作结合,且对实验的现场条件进行适当选择和控制。

同步案例　咖啡店老板的实验

日本三叶咖啡店有一次请了30名消费者喝咖啡。他们先后端出四杯浓度完全相同,而咖啡杯颜色不同的咖啡,请这30人试饮。结果是:当用咖啡色杯子喝时,有三分之二的人评论"咖啡太浓了";用青色杯子喝时,所有的人异口同声地说:"咖啡太淡了";当用黄色杯子喝时,大家都说:"这次咖啡浓度正合适,好极了";而最后端上用红色杯子盛的咖啡时,几乎所有人都认为"太浓了"。根据这一调查,三叶咖啡让店里的杯子,一律改用红色,该店借助于颜色,既可省料、省成本,又能使大多数顾客感到满意。

(资料来源:http://www.51diaocha.com/20125/1336986196442128.shtml.)

案例点评:

(1) 该咖啡店通过市场的调研,利用咖啡杯颜色的感觉刺激,来对消费者产生心理、生理的影响。

(2) 该咖啡店成功地了解到目标顾客的心理特征,根据消费者的个性特点和感觉的灵敏程度,运用产品颜色、视觉、味觉特征,来对消费者的感觉产生积极的刺激作用,以促进消费者的购买欲望。此方法巧用感官的刺激,十分精妙。

四、焦点小组访谈法

焦点小组访谈法又称小组座谈法,是以小型座谈会的形式,挑选一组(8—12人)具有同质性的消费者或客户,围绕一个话题展开座谈和讨论,座谈需由一个经过训练的主持人组织,让与会人员能够自由交谈,从而获得对有关问题的深入了解。在旅游调研中,比较典型的焦点小组访谈话题包括了解顾客对某一新的旅游产品、服务项目的态度,如最看中的是什么? 最不在意的是什么? 对于新推出的某一广告主题,消费者会有何反应?

焦点小组座谈需要注意的事项如下。

(一) 会前的准备工作

(1) 确定会议主题。

(2) 确定会议主持人。

(3) 选择合适的人员。

(4) 选好座谈会的场所和时间。

(5) 确定座谈会的次数。

(6) 准备好座谈会所需要的演示和记录用具,如录音、录像设备等。

(二) 会中的组织工作

(1) 善于把握座谈会的主题。

(2) 主持人要在正式开展座谈之前邀请大家自我介绍,进行正式、简短的开场,并宣布规则。在开始的几分钟,鼓励每一位与会者都说几句话,消除紧张情绪,然后鼓励大家畅所欲言。确保座谈会不是个别人的专场,主持人要通过肢体语言,如微笑、目光接触等方式,鼓励不愿说话的人发言。在座谈会即将结束时,主持人要至少提前5分钟发出信号,以便使座谈会圆满收场。结束时,要感谢与会成员的参与和支持。

(3) 要做好座谈会记录。座谈会一般由专人负责记录,同时还常常通过录音、录像等方式记录。

(三) 会后的工作

(1) 及时整理、分析座谈会记录。

(2) 回顾和研究座谈会情况。

(3) 做必要的补充调查。

第四节 调查问卷的设计

调查问卷是旅游营销调研中搜集一手资料时使用的主要工具,因此有关调查问卷的设计和结构是最基本的调研技术。

一、调查问卷的结构

(一) 标题

一份问卷首先要有清晰的标题,问卷的标题应点出调查问卷的内容,简洁明了地讲清楚问卷调查的主题。比如"某景区服务质量调查问卷""壮族织锦技艺保护性旅游开发调查问卷"等。

(二) 卷首语

调查问卷的卷首语也叫前言或引言。卷首语的内容一般包括称呼,调查的目的、意义,调查的保密原则,问卷填写说明,以及调查者的名称等。例如:

尊敬的女士/先生:

您好!我是××大学旅游学院旅游管理专业的学生,为了了解壮族织锦技艺保护性旅游开发的现状,特制定此问卷,本次问卷的调查内容仅供学术研究之用,不会透露给第三方,请您放心填写。请在您认为合适的选项上打"√",感谢您的支持与配合!

××大学旅游学院

2020年3月2日

(三) 主体

主体即问卷的正文,主要包括两个部分:一是调查的具体问题,二是调查对象的个人资料,如性别、年龄、职业、文化程度、收入等资料。这一部分资料由于涉及比较敏感的个人信息,所以通常放在具体问题之后。问卷的具体问题的设计需要遵循以下原则。

(1) 每个问题只问一个内容,避免一题多问。

（2）避免使用复杂、抽象的学术语言或专业术语。

（3）问题的语义应表述清楚，避免模糊。如"您是否经常外出旅游？"此句中"经常"为模糊不清的概念，建议改为"您外出旅游的频率是什么？"

（4）避免所提问题具有倾向性。如"游客普遍认为某景区景色优美，您觉得呢？"，建议改为"您对某景区风景的评价是什么？"

（5）避免询问有可能令被调查者感到伤自尊或不愿回答的问题。如"您随地吐痰吗？"建议改为"您身边有朋友随地吐痰吗？"

（6）问题先后顺序要按照从简单到复杂的顺序排列，同时需要注意问题的排序应该符合逻辑顺序。

（7）某些问题的备选答案可设置"不知道""不清楚"这一类选项，以避免被调查者被迫去选择其他不适合的选项。

（8）在问题的开头设置过滤性问题，以避免被调查者不知道情况无法作答。如某问卷的第一个问题是："您知道某地有多少项非物质文化遗产入选国家非物质文化遗产名录吗？"如果被调查者根本就不知道某地有非物质文化遗产就无法回答这个问题，因此，此题之前应该设置过滤性的问题，如"您知道某地有非物质文化遗产吗？"，回答"知道"的被调查者可以继续回答开头的那个问题"您知道某地有多少项非物质文化遗产入选国家非物质文化遗产名录吗？"，而回答"不知道"的被调查者可以跳转到别的问题。

二、问题设计的形式

（一）开放式问题

开放式问题是仅提出问题，不提供答案选项，让被调查者自由回答的问题。比如"对于壮族织锦技艺保护性旅游开发您的建议是什么？"

（二）封闭式问题

旅游调研人员事先设计好问题和答案，被调查者需要在备选答案中选择合适的答案，此问题形式即封闭式问题。

一般来说，一份问卷应以封闭式问题为主，开放式问题为辅，调研人员要安排好二者的比例。这样做一方面可以方便被调查者回答问题，节约调查时间，另一方面，能够避免被调查者的回答答非所问、偏离主题，确保问卷按照预期回收到需要的信息。

借助调查问卷开展市场调研，成功的关键在于：①问卷本身的设计质量；②所选择的样本的代表性。只有在调查样本具有代表性的前提下，借助调查的发现去推断整个市场的情况才有意义，否则调研结论很可能失去意义。

第五节 调研报告的撰写

调研报告是整个调研活动的成果，它是通过对某个问题的深入调研后，对获得的资料、数据进行系统分析、整理，以书面的形式向旅游企业汇报调查情况的一种正式的文书。撰写市场调研报告的目的是给营销决策提供信息,因此一份优秀的市场调研报告需具备以下一些条件。

(1) 结构完整,逻辑性强。语言简明扼要,突出重点。
(2) 对所调研的问题提出明确的结论或建议。
(3) 恰当使用图表,报告中的数据准确、翔实,格式规范、美观。

一、调研报告的基本结构

(1) 标题。简短、明确,高度概括调研内容或核心观点,字数一般不宜超过20个字。有的调研报告还采用正、副标题形式。一般正标题简洁、明确地表达报告主题,而副标题则具体表明调查的单位和问题。
(2) 摘要。对调研主要内容、基本结论、主要观点的简短陈述,250字以内(约占报告文字数的5%)。
(3) 引言。简述调研的目的、调研的主体、调研的对象和过程。
(4) 正文。包括调研的目的、方法、步骤、结果分析、结论及建议。
(5) 附录。如调查问卷、访谈提纲等。

二、调研报告常见问题

调研报告中比较常见的问题是撰写者只是简单地罗列了调查的数据,却没有深入分析数据背后存在的深层次的问题,导致调研的结果或数据没有被充分利用。比如,为了了解某乡村旅游区的民宿业在国家实施旅游扶贫政策后的发展现状,以便更有针对性地为大家的经营和服务提供帮助。某旅游研究机构做了一次专项调研,在提交上来的报告中列出了调研的一系列发现,包括如下几个方面。

(1) 民宿接待的游客40岁以上的占83%,年龄在20—30岁的游客占比16.7%。
(2) 民宿业主的营销渠道以网络营销为主,借助团购网站如美团、大众点评,OTA如携程、飞猪,进行销售,渠道较为单一。
(3) 73%的游客对住宿体验感到满意,22%的游客体验评价为"一般"。
(4) 游客认为民宿存在的问题包括交通不便利(62.8%)、设施简陋(51.4%)、周边环境差(31.4%)、缺乏特色(34.2%)、价格不合理(34.2%)。
(5) 45.7%的游客乘坐大巴出行,48.4%的游客自驾。
(6) 民宿游客接待存在明显的淡旺季。

对于上述调查反馈,如果调研人员不做必要的解释,人们恐怕很难发现并理解其中的意义,很难在营销决策中有效地使用这些调研信息。该旅游区民宿协会管理者在仔细研究了上述调研后,做出如下分析。

(1) 民宿的住店客人以中年人为主,40岁以上群体达83%,对于这个群体可以适当拓展家庭市场,加大家庭度假产品开发和促销宣传的力度。
(2) 民宿的营销渠道符合当前客群信息获取的习惯,但可在旅游淡季适当增加线下渠道如旅行社、商业购物中心、机场、地铁站等交通枢纽、时尚餐吧等的促销信息的投放,以增加淡季的销量。

（3）73%的游客对民宿的住宿体验表示满意，说明顾客满意度较低，该旅游区的民宿暂不宜考虑提高价格，营销的目标应该是力争使顾客满意度超过85%。

（4）针对乘坐大巴抵达的游客提供接送站服务、景区之间的接驳服务，对所有住店客人提供出游咨询服务及定时旅游导览、导游服务。

（5）民宿协会与当地村民委员会沟通调研情况，由地方政府牵头开展村容村貌整治工作，拆除违章建筑、清理废弃垃圾杂物，全面贯彻执行"美丽乡村"建设行动计划。

（6）乡村旅游应该统一规划，同时在基础设施建设方面增加投入，围绕主景区周边的田园风光建设行人游步道、自行车骑行区域，实施人车分离，保障游客游憩安全。

（7）深入挖掘地方民俗文化，打造特色民宿，各民宿开展差异化定位，逐步形成自身特色，实现可持续发展。

在对结果进行研讨分析的基础上，该乡村旅游区决定组织力量，采取行动解决调研中发现的问题。在此后的几年中，该乡村旅游区的举措开始发生作用，游客接待量和旅游收入均有了大幅度的增长。

本章小结

对于旅游营销者来说，对市场需求的把握、了解目标消费者类型和消费偏好、了解产品的受欢迎程度、制定营销战略等，几乎都需要以营销调研为基础，因此，掌握营销调研的方法，熟悉营销调研的基本程序，能够根据营销工作中出现的现象或问题进行调查研究，并形成书面的调研报告是本章应该掌握的内容。

关键概念

营销调研（marketing research）

二手资料调研（secondary data research）

一手资料调研（primary data research）

询问法（inquiry method）

电话调查（telephone survey）

面对面访谈（face to face interview）

实验法（experimental method）

观察法（observational method）

焦点小组访谈法（focus group discussion）

定性调研（qualitative research）

定量调研（quantitative research）

复习思考

1. 简述旅游营销调研的类型。
2. 简述旅游营销调研的基本程序。
3. 一手资料搜集的方法都有哪些？各有什么优缺点？
4. 一份完整的问卷应该包括哪些组成部分？
5. 在设计调查问卷的问题时，需要注意些什么？

中国在线旅游平台用户洞察研究报告

《2019年中国在线旅游平台用户洞察研究报告》是通过去哪儿网和艾瑞iClick在线调研社区，利用定量研究方法，对在线旅游平台用户的出游行为、预订习惯、消费行为等方面进行在线调查及研究，从而帮助去哪儿网了解整体旅游用户和自家用户群体特征，以及自家用户优势所在，展现去哪儿网的平台价值。

一、调研概况

调研平台：艾瑞iClick社区 & 去哪儿平台

调研对象：①过去一年有出游活动/未来一年有出游计划的用户；②覆盖去哪儿、携程、飞猪、美团点评、马蜂窝等主流在线旅游平台的用户。

问卷发放区域：全国，随机投放。

发放时间：2019年3月—4月。

发放份数：3526。

二、2018年中国在线旅游行业用户流量

（一）在线旅游PC端流量红利逐渐消退，用户规模持续下滑

艾瑞iUserTracker数据显示，相比2017年，从2018年3月开始PC端用户流量全面下滑；从环比来看，用户出行在7月和11月出现流量小高峰，暑期和年末出游量增加。

（二）在线旅游App用户规模保持高速增长

艾瑞mUserTracker数据显示，2018年上半年在线旅游App用户规模同比增幅均超过55%，业内迎来大爆发，移动端超越PC端成为用户的首选渠道；环比来看，移动端在1月和6月流量提升明显。

（三）PC端旅行网站用户使用时长逐步减少

艾瑞iUserTracker数据显示，进入2018年以来旅游网站的月度浏览时间增幅逐步下滑，并在2018年10月出现拐点，开始低于2017年同期水平。

(四)在线旅游App月度使用时间稳步提升

和PC端的走势相反,在线旅游App月度总有效使用时间在2018年复合增长率达到27%,移动端生活方式高度普及,用户黏性更高;从环比来看,在冬夏两季用户使用时间显著增加。

三、在线旅游人群画像分析

(一)26—35岁的职场白领和潜力中产是去哪儿的主流用户群体

去哪儿用户性别分布均衡,男性稍多,本科以上学历用户达88.3%,从年龄分布来看,仍以80/90后为主;企业员工及中高级管理人员合计占比46.3%,这些人群开始形成稳定的生活态度和习惯,有提高生活品质的强烈需求。

(二)去哪儿用户中已婚人士居多,家庭财力雄厚

去哪儿用户在全国各级别城市分布相对均衡,覆盖广泛;已婚人群占比达到56.6%,家庭用户为主;从收入来看,去哪儿用户家庭收入实力更强,1万元以上家庭月收入用户占比超过60%,为用户出游度假、消费理财提供强力经济依靠。

(三)去哪儿用户多集中于沿海或中部人口经济发达地区

从省市地域来看,分布在广东、北京、山东、江苏、上海的去哪儿用户较多;合计占比37.8%,均为经济、交通发达地区,消费理念更加成熟。去哪儿用户善于社交、乐于分享、认同圈子文化、享受美食。从线上生活来看,聊天、购物必不可少,此外在品尝美食外卖、爱音乐、拍摄美化方面特点突出;从线下娱乐来看,看电影、吃美食、逛商场较普遍,并且明显高于旅游普通人群。

四、在线旅游人群行为洞察分析

(一)低频旅游为主,去哪儿用户高频深度游特色显现

调研数据显示,4次以内的低频旅游仍然是目前出行主流,但去哪儿用户8次以上的高频出游需求高于普通用户;从出游天数来看,去哪儿用户7天以上的长线出行占比为1/4,深度游用户增多。

(二)法定节假日出游仍是首选,去哪儿用户出行时间相对更随性

旅游用户首选法定节假日出游,主要集中在"十一"和"五一"假期,此外春节旅游市场走俏,出行选择排在第三位;相比普通旅游用户,去哪儿用户出游时段较为随性,39.7%的去哪儿用户出游无固定时间;作为春节后的第一个小长假,选择清明踏青的去哪儿用户占比达25.9%。

(三)国内游最普遍,出境游未来仍是热点

过去一年,用户出行以国内和周边游为主,未来一年对于周边游的需求下降,而境外游出游意愿超过30%;相较而言,去哪儿用户处于职业上升期,旅游潜力也在持续释放,境外游意愿增长明显。与过于一年相比,去哪儿用户未来一年出境游的增长率为76%(普通旅游用户增长率63%)。丰富的旅游资源和便利的交通使北京、上海成为热门旅游城市;去哪儿用户相比普通旅游用户去广东旅游的热度更高,广东温度适宜,近年来长隆系主题公园火爆,适合亲子度假;未来一年川滇对去哪儿用户吸引力增加,各具特色的地貌和特色网红打卡点,成为旅游爱好者的追求。出境目的地主

要是亚洲地区,如日本、泰国,未来欧洲游比例呈上升趋势。

(四)家庭出游意愿强烈,去哪儿用户海岛休闲游和深度文化游增多

过去和未来一年,家庭游是最常见的出游类型,尤其是普通旅游用户占比均超过70%;去哪儿用户出游类型相对多元化,家庭游排首位,占比仍将进一步提升,此外文化游、海岛游这些休闲度假深度游未来更受欢迎。

(五)普通旅游用户跟团游比例下滑,中短途自驾最受欢迎

从普通旅游用户的出游方式来看,未来跟团游的比例进一步下降,半自助游、定制游等个性化安排比例增多;自驾游的比例有所提升,近郊自驾更受欢迎,租车首选SUV,适合家庭出游,安全是首要考虑因素。

(六)解压出游,亲朋推荐、旅游平台推荐是用户出游的三大原因

53.6%的普通用户出游是为了放松解压,亲朋推荐(39.4%)、旅游平台推荐(25.1%)也是影响出游的重要原因;旅途中用户喜欢听音乐/玩游戏,放松身心;86.1%的用户喜欢游后分享,尤其爱在社交平台和专业旅游网站分享风景和攻略。

(七)用户准备出游周期偏长,看重产品性价比

调研数据显示,多数普通旅游用户会选择提前一周预订周边游产品,提前两周预订国内游产品,提前2个月预订出境游产品;相较而言,去哪儿用户预订周期更长,喜欢做好详细的攻略和规划再出游。用户在选择在线旅游平台时最看重价格优惠和产品资源的丰富程度;去哪儿用户更看重价格优惠和详细的攻略内容。

(八)星级酒店是首选,偏爱个性化住宿

调研数据显示,过去一年普通旅游用户和去哪儿用户均将星级酒店排在第一位,其中三星级/舒适型和经济型/快捷型连锁酒店较受欢迎;此外去哪儿用户对于民宿/客栈及主题酒店的青睐度高于普通旅游用户。地理位置和价格是用户选择住宿产品普遍的考量因素,和普通旅游用户相比,去哪儿用户更看重房间环境(72.0%)及口碑评价,最关注酒店评分和具体用户评价。

(九)超八成用户会在旅途中购物,出游爱买当地特色和纪念品

数据显示,80%以上的用户在出游中会购物,主要在免税店和购物中心购买当地的特色产品和纪念品;去哪儿用户选择在路边小店购物的比例高于普通用户,善于融入当地生活,发掘身边的惊喜。从旅游花费来看,普通旅游用户和去哪儿用户购物均价超过1万元,去哪儿用户消费金额高于普通用户,从区间分布来看,去哪儿高消费用户(20000元以上)人数更多。

(资料来源:艾瑞网。)

实训操作

一、实训目的

通过旅游市场营销调研专题实训,要求学生掌握营销调研的方法和程序,具备开展市场调研的专业技能,实施过程中强化善于发现、勇于创新、信息处理、团队协作、规范写作等的核心职业能力,不断增强营销岗位职业素质。

二、实训任务

学生以小组(5—7人)为单位选择一家旅游企业,从三个主题:①企业形象,接触点包括售票处、游客中心、出入口、商品部等;②产品服务质量、产品类型、产品质量、产品体验、导览服务、游憩设施等;③企业营销,官网信息架构设计、官微设计、促销卖点、咨询服务、渠道等方面任选其一完成如下任务:确立调研主题、网上搜集资料、制订调研计划、设计调查问卷、问卷统计分析、完成调研报告(见表5-1)。

表5-1 营销调研训练任务

基础技能训练内容	综合技能训练内容	思政目标
1. 确立调研主题	按照规范要求,撰写调研报告	1. 科学、严谨的工作态度
2. 网上搜集资料		2. 实事求是的辩证唯物主义思想
3. 制订调研计划		3. 团结协作精神
4. 设计调查问卷		4. 精确、精准的实践品质
5. 问卷统计分析		5. 客观、科学的统计分析

三、作业形式

1. 制作一份科学合理的问卷。
2. 完成一份调查报告,如某旅游企业形象/服务质量提升调查报告。

第六章

旅游产品策略

学习目标

通过本章的学习使学生了解产品在市场营销中的地位,掌握旅游产品的概念和特点;熟悉产品结构的"三层次说"和旅游产品结构的"四层次说"的内涵;熟悉产品生命周期理论;掌握旅游新产品的概念和开发程序;熟悉旅游品牌的概念和品牌策略的应用。

案例引导　　走心的民宿

29岁的张佳妮是一位自由职业者,她喜欢去世界各地旅游,并尽量选择当地的民宿。"一间好的民宿,在你开始游览之前,就能让你沉浸在当地的历史文化中。"张佳妮说,她住过日本、斐济、中国台湾等地的民宿,也体验过丽江和莫干山民宿的风情。说起中国大陆的民宿,她指出,"好像少了一点人情味"。张佳妮的感受,与世界旅游城市联合会专家委员会委员、杭州师范大学教授德村志成的观点不谋而合。"我们的民宿发展速度让人惊叹,但相比传统意义上民宿,存在'主人文化'缺失的问题。"他说,日本民宿追求主人与客人之间的互动,强调在"心"上做文章,我们的民宿则更多地从消费者的角度,考虑如何让他们住得舒适满意,却失掉了主人的性格,"当然,中国民宿的发展处在一个小步快跑阶段,大片民宿群品牌的崛起,也许是今后特色民宿的发展潜力所在"。

民宿的快速发展,虽然令其失掉了部分人文精神沉淀的条件,但在一些专家看来,乡村民宿有着另一种人情味,那就是乡村人的回归。在吴国平来到马岭脚之前,这个偏远、贫穷,地处半山腰的村子,几乎已无人居住,空留着那170间黄泥破房。而在引入民宿之后,山下也顺势开起了农家乐。"吴国平"们的资本和人气,让小山村重新有了生活气息。正如崔盛所说,民宿对中国乡村的意义,在于复兴,在于借助这一旅游产品形成产业支撑,吸引年轻人回得来,活得下去,让乡村活起来,"有人气的古建筑才是古建筑,光谈保护没有人,那就成了博物馆。"

在民宿发展中,政府应该持何种态度?中国美术学院教授吴晓淇的观点是,在民宿产业发展中,政府应当跳出建筑,从环境的角度进行产业布局。"环境与人的关系,要比房子与人的关系更重要。民宿并不只是简单的建筑改造,而是环境与建筑之间的融通。政府部门不妨从改善环境入手,风景好了,民宿的价值自然也水涨船高。"

(资料来源:根据《民宿,会讲故事的房子》一文改编。)

问题:
1. 从整体产品的角度分析民宿的产品层次。
2. 分析乡村振兴战略下民宿业发展的重要意义。

第一节 认识旅游产品

在旅游企业的市场营销策略制定中,首先是制定产品策略,其次是在此基础上制定价格策略,再次是借助促销策略将产品信息有效传播给消费者,最后是分销渠道策略将产品传递给消费者,为消费者创造价值。这个过程中产品置于4P营销组合之首,其余各策略围绕产品的顺利销售展开,换而言之,没有产品作为基础,其他所有的策略将无从谈起。营销人员的根本任务在于有效识别消费者需求,开发与之相匹配的产品满足消费者需求,从而实现企业的生存和发展。

认识旅游产品

一、产品的概念

科特勒等人认为,产品是指任何能够提供给市场,供人们注意、获得、使用或消费,并可以满足人们需要或欲望的任何东西,包括实物、服务、场所、组织和构想。

二、旅游产品的概念

曲颖、李天元认为,旅游产品是多种旅游服务的集合,是旅游目的地和旅游企业借助一定的有形和无形要素向旅游消费者提供的无形利益。对旅游企业来说,其销售的旅游线路就是旅游产品。

中国国家标准《旅游业基础术语》对旅游产品的定义是为了满足旅游者旅游需求所生产和开发的物质产品和服务的总和。

(一)整体旅游产品

旅游产品包括整体旅游产品和单项旅游产品两个方面。整体旅游产品是旅游目的地或旅游企业为满足旅游者旅游活动的需要,所提供的各种接待条件和服务的总和。这些接待条件既包括有形的物质条件,如酒店、餐饮机构、游客中心、游步道、游憩设施等,也包括无形的非物质条件,如当地的社会文化氛围。服务既包括由旅游企业专门为游客提供的导览、康养等的商业服务,也包括旅游咨询这样的非商业服务。对旅游者来说,整体旅游产品是旅游者获得的一次完整的旅游经历。

(二)单项旅游产品

单项旅游产品是指旅游企业为旅游者提供的各种服务项目,比如旅行社提供的导游服务,酒店提供的住宿服务,景区提供的游览及讲解服务,航空公司提供的运输服务,等等。这些服务项目都属于整体旅游产品的组成部分,既可以打包出售,如旅行社销售的德天瀑布一日游产品,桂林山水三天两晚精华游等包价旅游产品,也可以仅以单项的形式出售,因此被称作单项旅游产品。

三、旅游产品的特点

作为现代服务业的重要组成部分,旅游业的产品属于商业服务类产品,是旅游经营者借助有形的服务设施为旅游者提供的各种无形的核心利益(Palmer,1994)。旅游业的产品与制造业的产品相比具有明显的差异性。它是通过劳务形式表现出来的,而制造业是通过物质材料生产出来的。虽然旅游过程中游客会接触到各种各样的实物,如旅游资源(峡谷、瀑布、植被等)、旅游车、客房、纪念品等,但这些以物质形式存在的实物的作用在于服务游客的旅游体验和旅游经历。大多数旅游产品通常既包括劳务成分也包括实物成分,无论是酒店产品、景区产品还是航空公司的产品。在国际学术界,很多人认为,不论是哪一种类型的旅游产品,人们之所以会将其界定为服务产品而非实物产品,主要是因为其中劳务成分的含量大于物质成分的含量(Cooper,Fletcher,Gilbert,等,2004)。判断一个产品究竟是实物产品还是服务产品,可以通过消费者购买产品后最终的获得物来判断,如最终获得的是有形的实物,则该产品属于实物产品;如获得的是无形的利益,则该产品是服务产品。比如,消费者购买了旅行社的靖西山水两日游,最终获得的是愉悦的心情,身心得到放松,这些均属于无形的利益,那么该产品就是服务产品。实物产品与大多数服务产品的差异如表6-1所示。

表6-1 实物产品与大多数服务产品的差异

实 物 产 品	大多数服务产品
使用物质材料生产,表现为有形的物品	以劳务形式提供,表现为无形的服务
消费者隔离于生产现场,不参与生产过程	消费者置身生产现场,并参与生产过程
可运输到消费者所在地	消费者须前往生产地点当场消费
产品售出之后,所有权会发生转移	消费者所购得的仅仅是暂时的使用权
消费者可以事先查验产品品质,然后决定是否购买	消费者在决定购买之前难以判断品质
能够储存	无法储存

旅游产品具有无形性、生产和消费的同时性、不可储存性、季节性、脆弱性等特点,其中前三点在诸多特点中较需要营销者关注并理解,并能够根据这些特性展开适当的营销活动。如表6-2所示为旅游产品作为服务产品的一般性特点及其对市场营销工作的意义。

表 6-2 旅游产品作为服务产品的一般性特点及其对市场营销工作的意义

特 点	解 释	意 义
无形性	消费者购买旅游产品时,在做出购买决策之前,无法通过自己的感官去判断产品的品质	1. 不利于刺激消费者购买 2. 营销者有必要借助宣传册、宣传片、网站等可视化资料尽可能多地呈现产品的特质
生产和消费的同时性	产品的生产和消费同时发生,并且产品交付过程中涉及双方的互动。由于生产过程中涉及消费者的介入,致使服务的标准化实施起来有难度	1. 旅游企业应该通过改进服务交付系统设计,争取实现双方的轻松互动 2. 培训工作的重点要统一服务的流程和标准,实现岗位制度标准化和流程标准化管理
不可储存性	服务产品无法储存,不论是酒店的客房、航班的座位,一旦出现空置,就失去当日价值	营销的重点在于采取各种措施去刺激市场需求,从而使服务设施得到充分利用

第二节 旅游产品的结构设计

一、产品结构的"三层次说"

谈到产品的结构分析,菲利普·科特勒针对制造业的产品提出了从三个层次来表述产品的整体概念,即核心产品、形式产品和延伸产品。该理论被营销人员在分析产品结构层次时广泛采纳,在旅游市场营销领域人们也曾长期运用这一理论分析旅游产品的结构设计。

(一)核心产品

核心产品是产品结构中的核心部分,是产品为消费者提供的核心利益或价值。正如主题公园带给游客的核心产品是"开心、快乐",化妆品带给人们的核心产品是"美丽"。核心产品是消费者购买产品的主要原因。

(二)形式产品

形式产品是核心产品得以实现的载体,是产品结构设计中的有形部分。形式产品包括外观设计、包装、商标、品牌等。仍以主题公园为例,为提供开心、快乐的核心产品,主题公园的形式产品可以包括公园的品牌名称"乐满地""欢乐谷",乐园的游乐设施、设备、卡通人物、纪念品等。这一切都是服务于核心利益实现的有形部分。

(三)延伸产品

延伸产品是产品带给消费者的附加利益或价值,该部分是旅游企业为使自己的产品有别于竞争对手的同类产品特地额外提供给消费者的服务或项目。如酒店提供免费的接送服务、游客参观景区时品尝到的免费地方特色小吃等。

二、旅游产品结构的"四层次说"

20世纪80年代,随着服务业的发展,美国和北欧的市场营销学者开始了对服务营销的具体研究工作,芬兰学者格朗鲁斯提出了服务产品的四个层次理论。在讨论旅游市场营销的产品结构层次时,科特勒采纳了格朗鲁斯的观点,将旅游产品结构划分为四个层次。

(一)核心产品

核心产品指消费者购买旅游产品/服务时所追求的核心利益或好处,通常表现为某种心理满足,而这些核心利益会因人而异。比如度假区提供的康养旅游产品,对某些消费者来说核心利益可以是身心愉悦与放松,有些消费者却是尊贵的感受。这些不同的心理诉求要求产品的设计需要满足不同客群追求的核心利益,实施差别化的营销策略。

(二)基本产品

基本产品是核心产品得以实现所依托的最基本的接待设施和服务。对于旅游企业来说,基本产品是旅游者完成一次旅游体验所需要的最基本的旅游接待设施和服务。如一家4A级景区,其基本产品可以是游客中心、旅游景观、游憩设施、售票服务、咨询、导览解说服务、观光接驳服务等,这些都是基本的设施和服务。对于一家高星级商务酒店来说,前台、客房、中西餐厅等的基础设施、设备,以及入住/结账服务、客房服务、餐饮服务就构成了基本产品。而对于一家经济型酒店来说,前台、客房这些设施及相应的入住/结账服务就构成了基本产品。

(三)辅助产品

辅助产品是旅游企业为使自身产品有别于竞争者产品而额外为消费者提供的设施或服务。很显然,这里的辅助产品相当于产品结构"三层次说"中的延伸产品。如酒店提供的免费接送机服务、入住登记时的免费赠饮、离店时的免费伴手礼等。

(四)延伸产品

延伸产品是指服务接触过程中的具体情境。需要注意的是,格朗鲁斯所说的延伸产品和科特勒产品结构"三层次说"中的延伸产品并非同一含义。它指的是提供旅游产品/服务的便利程度、提供服务时的氛围、顾客与服务人员的互动情况、其他在场顾客的参与或在场的顾客之间的相互影响等。

格朗鲁斯指出,核心产品、基本产品和辅助产品这三者决定了顾客能得到什么,但不能决定顾客怎么得到他们,而延伸产品是决定一个旅游企业如何向顾客提供产品/服务,因而会决定顾客核心价值的实现过程和实现方式,需要旅游营销者格外注意。

第三节 旅游产品生命周期及其营销策略

一、产品生命周期理论

产品生命周期(product life cycle,PLC)是市场营销学中的一个重要概念,它是一种新产品从开始进入市场到被市场淘汰的整个过程，包括导入期、成长期、成熟期、衰退期四个阶段。当然产品的生命周期并非产品的使用寿命，而是指产品的市场寿命，即产品在市场上的受欢迎程度。

产品生命周期理论是人们基于大量的研究提出的，在现实中，产品生命周期的演进过程并非都整齐划一。就产品生命周期理论在旅游业的应用研究而言，学者们更多地将该理论应用于讨论旅游目的地的生命周期，而非微观层面的旅游产品。

二、旅游产品生命周期

根据制造业实物产品生命周期理论，我们将旅游产品生命周期定义为旅游产品从开发出来到进入市场直到被市场淘汰的整个过程，可分为研发期、投入期、成长期、成熟期和衰退期五个阶段。一个旅游景点、一个旅游地、一条旅游路线大多都遵循一个从无到有、由弱至强、然后衰退、消失的时间过程。

旅游产品的
生命周期

（一）研发期

研发期是提出某一产品概念，并进行测试的阶段。此阶段企业持续投入，财务上可能会出现赤字。

（二）投入期

产品投入市场，消费者对产品不了解，仅少数市场先驱尝试购买，销量低，销售额增长缓慢。企业为了扩大销路，不得不投入大量的促销费用，对产品进行宣传推广。此阶段产品成本高，企业投入促销宣传费用大，销售量有限，企业通常不能获利，反而可能亏损。

（三）成长期

消费者对产品熟悉，市场逐步扩大；销售额迅速上升，企业生产成本大幅度下降，利润增长迅速。与此同时，竞争者看到有利可图，将纷纷进入市场参与竞争，使同类产品供给量增加，价格随之下降，企业利润增长速度逐步减慢。

（四）成熟期

随着购买产品的人数增多，市场需求趋于饱和，销售额增长缓慢直至下降；竞争逐渐加剧，企业利润下降。

（五）衰退期

产品进入了淘汰阶段，消费者的消费习惯改变，产品的销售量和利润持续下降，产品已经不能适应市场需求，从而被其他新产品取代。

三、旅游产品生命周期各阶段的营销策略

为了增强营销效果，提高经济效益，旅游企业必须针对产品生命周期各阶段的不同特点，采取不同的市场营销策略，此处重点介绍从投入期到衰退期的营销策略。

（一）投入期的营销策略

1. 快速撇脂策略

快速撇脂策略即以高价格、高促销费用的方式使旅游新产品快速进入市场。运用此策

略必须具备以下三个条件:第一,潜在市场上的大部分消费者还不知道该产品;第二,了解该旅游产品的消费者十分渴望得到该产品并有足够的支付能力;第三,旅游企业面临潜在的竞争,必须尽快培养品牌偏好。

2. 缓慢撇脂策略

缓慢撇脂策略即以高价格、低促销费用的方式把旅游新产品推向市场。运用此策略必须具备以下四个条件:第一,市场规模有限;第二,市场上大部分潜在消费者了解这种旅游产品;第三,潜在消费者愿意出高价;第四,潜在竞争对手的威胁较弱。

3. 快速渗透策略

快速渗透策略即以低价格、高促销费用的方式推出旅游新产品。采用这一策略必须具备以下四个条件:第一,市场规模大,存在众多的潜在消费者;第二,大部分消费者对产品价格敏感;第三,消费者对旅游产品不了解;第四,存在强大的潜在竞争的威胁。

4. 缓慢渗透策略

缓慢渗透策略即以低价格、低促销费用的方式推出旅游新产品。采用此策略必须具备以下四个条件:第一,市场庞大;第二,旅游产品的知名度较高;第三,市场对该旅游产品的价格弹性较大,市场开拓空间较大;第四,存在潜在竞争对手。

(二)成长期的营销策略

成长期一般应采取以下四项策略:①改进旅游产品,提高产品质量;②开拓并采用新的销售渠道;③开拓新市场;④加强旅游促销。

(三)成熟期的营销策略

成熟期一般应采取以下四项策略:①市场改进策略,即旅游企业寻找新的市场机会,争取新的消费者,稳定和扩大旅游产品销售量。②产品改进策略,主要是根据旅游者的反馈意见对产品的设施和服务进行改进,规范服务标准,提升服务质量,以进一步吸引游客。③营销组合改进策略,指旅游企业通过改进营销组合的一个或几个要素刺激销售,延长产品成熟期。在寻找刺激成熟产品销售的方法中,对营销组合中的非产品因素应考虑如下关键问题。一是价格。降价能否吸引新的旅游者?还是通过提价来显示产品质量更好,以吸引注重品质、对价格不敏感的旅游者?二是渠道。旅游企业能否通过增加新的营销渠道以获得更多的消费者关注和购买?三是促销。旅游企业能否通过增加新的促销手段提高销售量?媒体组合、宣传时间、频率、规模是否需要增加?广告的投入是否要增加?文案的是否需要修改?等等。④旅游新产品的研制和开发策略,指旅游企业根据市场需求变化,对产品进行更新换代,以满足市场需求。

(四)衰退期的营销策略

衰退期一般有以下三种策略可供选择。

1. 立即放弃策略

立即放弃策略即果断决定撤出市场,不再生产原有的旅游产品。

2. 维持策略

维持策略即旅游企业继续用过去的市场、渠道、价格和促销手段,直至旅游产品完全退

出市场。

3. 逐步放弃策略

逐步放弃策略指对那些仍有一定潜力可挖的旅游产品,旅游企业不盲目放弃,而是分析产品销售量下降的原因。对症下药,扩展产品用途,提高产品质量,以期产品销售量的回升。

旅游产品生命周期现象给我们一些启迪:①多数旅游产品的市场生命是有限的,虽然有的长些,有的短些,但总体上有缩短趋势;②旅游产品生命周期的每一阶段对企业经营者提出了不同的机会和挑战,企业应相应采取不同的营销措施,使旅游产品周期朝有利的方向发展;③旅游产品生命周期不同阶段的销售额和利润有升有降,旅游企业需要把握好这些升降,适时开发旅游新产品和调整产品组合;④不同旅游产品生命周期曲线的走向与变化并不都是规范的,会呈现出明显的个体特征。

四、产品生命周期理论的价值与局限性

(一)价值

在旅游市场营销工作中,产品生命周期理论作为分析工具具有一定的实用价值,主要体现在以下两个方面。

(1)有助于营销者根据产品生命周期演进的情况计划和组织企业的新产品开发工作。

(2)有助于营销者根据产品生命周期的不同阶段制定不同的市场营销策略。

(二)局限性

(1)旅游产品的生命周期演进曲线并非理论描述的那样规则。有些旅游产品生命周期很短,一推向市场,销量迅速上升,但很短时间内就迅速下跌,如节庆旅游产品。有些观光游产品的生命周期则很长,甚至似乎停留在成熟期。如桂林山水精华游这条三天两晚的经典旅游线路、古城西安的经典旅游线路等,均有长盛不衰的表现。

(2)营销者对产品生命周期各个阶段的判断通常是以旅游产品的销售额和利润的变化状态来进行衡量的,如忽视借鉴其他的分析技术,很可能产生误导,造成错误的营销决策。在当今的经营环境中,旅游管理者应当始终把了解市场需求的变化和预测消费者行为动态作为市场营销工作的重点,密切关注市场生命周期,而非单一的产品生命周期。

第四节 旅游新产品开发策略

一、旅游新产品的概念

旅游新产品是指由旅游生产者初次设计生产,或者在原产品基础上做出重大改进,使其在内容、服务方式、结构、设备性能等方面更为科学合理的产品。实际上,就旅游新产品开发工作来说,全新产品其实并不多见,大多数的新产品都是在现有产品的基础上进行的改进,或者更新换代,很少有市场上从未有过的全新产品或者服务项目。如以下同步案例中的广西壮族地区的簸箕宴,主要通过在菜肴形式上融入了壮族传统文化中的待客形式,在环境中

营造出浓郁的壮族风情,通过服务人员的民族服饰、餐厅的壮族文化氛围,给游客带来不一样的壮乡美食体验。

> **同步案例**　　舌尖上的广西美食　壮乡蕉叶簸箕宴
>
> 　　旅行在壮乡是幸福的,在这里不仅可以畅游人间仙境,宛若人在画中游,也可以感受到广西少数民族地区对美食的传承与创意。广西人对食材的追求可谓新奇、大胆。天上飞的、地上爬的、水里游的、泥里钻的,山花野菜皆可入肴。当美味遇到了文化会碰撞出怎样的创意盛宴呢?簸箕宴就是壮族最具代表的宴席,是招待贵宾的首选。簸箕是一种农具,很普通的农家日常用品,由竹编而成,也是家家户户必不可少的生活用品。在簸箕底部垫着新鲜翠绿的芭蕉叶,装着满满的壮家美食,荤、素、杂粮等一应俱全,白切土鸡、红焖青头鸭、椒盐河虾、壮家土腊肉、农家豆腐、五色糯米饭……各色美味悉数登场,汇聚在圆圆的簸箕中。簸箕宴象征的是分享和团圆,不仅在逢年过节招待亲朋好友,也成为近年来招待游客的首选。身穿民族服装的壮族妇女将装满美味佳肴的簸箕抬上桌,一群人围坐于宴前,品美味、赏风景、聊家常,回归自然的质朴享受,欢声笑语中体现了壮族人的热情与好客!

二、旅游新产品的类型

就新产品的开发工作而言,旅游经营者主要依靠增加服务项目、改进产品质量、模仿竞争者的旅游项目等方式进行旅游新产品的开发。旅游新产品的类型主要包括以下三类。

(一)创新型新产品

创新型新产品是能够满足消费者一种新的需求的全新产品。对于旅游企业或者消费者而言,它都是新的,可以是新开发的旅游景点,也可以是新开辟的旅游线路,或者是新推出的旅游项目。例如,漂流、探险等旅游项目的出现,在旅游产品的开发上带来了一场新的革命。绿色旅游、森林旅游等专项旅游产品的开发,也释放了人们日常生活的压力,使人们能彻底地回归大自然。但这种新旅游产品的开发周期较长,所需投资较多,而且风险较大。

(二)换代型新产品

换代型新产品是对现有旅游产品进行较大改良后生成的产品。例如,我国在传统观光型旅游产品的基础上,相继推出了红色旅游、乡村旅游、民族风情游等主题观光旅游产品。之后,又陆续推出了主题旅游年,如 2013 年是"中国海洋旅游年",2014 年是"中国智慧旅游年"、2015 年是"美丽中国—丝绸之路旅游年"。

(三)改进型新产品

改进型新产品是指在原有旅游产品的基础上,进行局部形式上改进的旅游产品。这种

旅游产品可能是在其配套设施或者服务方面的改进，也可能是旅游项目的增减或服务的增减，但旅游产品的实质在整体上没有多大的改变。例如，广西崇左市大新县明仕田园风光，最初的旅游设施只有几条简陋的竹排，随着旅游的发展，更换了美观安全的新竹排，并提供专职导游沿途讲解服务，随船免费提供茶水、花生等，2015年随着电视剧《花千骨》的热播，带动了国内游客的迅速增长，景区进一步完善了壮族图腾广场、壮族歌舞表演、花千骨小屋，满足了游客对于仙侠影视剧拍摄地的探秘诉求。

三、旅游新产品开发策略

旅游新产品的开发，是旅游业存在发展的必要条件，是企业保持活力和竞争优势的重要途径。旅游企业通常采用以下几种策略实行新产品的开发。

（一）资源重组策略

首先，以消费者的需求为基础组合旅游资源。旅游资源是组合设计旅游产品的基础，是吸引游客的主要吸引物。旅游企业在了解市场需求的基础上，对旅游资源进行重新整合，有利于激发消费者的旅游动机，重新创造旅游需求。

其次，以文化为纽带组合旅游资源。旅游对于消费者来说，是获得一种经历、一种感受的过程。这种经历与感受，一方面来自对大自然奇观的欣赏，另一方面则来自对文化差异的感悟。因此，通过文化来组合旅游资源和开发新产品，有利于创造出旅游产品的新卖点。

最后，从经济效益的角度组合旅游资源。开发旅游业，最主要的目的是获得一定的经济收益。对于旅游资源进行组合，不仅要有利于资源价值增值，更要提高产业贡献率。

（二）层次结合策略

层次结合策略是指同时推出多种不同档次的旅游新产品。由于消费者经济实力的差异，其消费水平呈现出不同的层次性，所以企业在开发产品的时候应注意高、中、低档次产品序列的结合，从而有利于扩展旅游企业经营的覆盖面。例如，开发一条新的旅游线路，应该体现经济、标准和豪华等不同消费层次的差异，并作为一个整体推出，以便于不同层次消费者进行选择。

（三）超前开发策略

旅游企业要获得长远发展，必须有一个长期、中期和短期的发展策略，这样才能获得长期、持续、稳定的发展。一般来说，企业都需储备四种类型的产品：①企业已经生产完成，并进入销售环节的产品；②已经开发成功，等待适当时机投放市场的产品；③正在研究设计过程中，具备雏形的旅游产品；④处于产品构思、创意阶段的产品。

四、新产品开发程序

旅游新产品开发是从创意挖掘开始，经历创意筛选与评价、概念测试、商业分析、产品开发并检验、旅游产品市场测试、正式投放市场七个阶段。

（一）创意挖掘

旅游企业的新产品开发工作始于对创意的挖掘。创意的产生来源是多方面的，可围绕企业长期的发展战略和市场定位,来确定新产品开发的重点,确定旅游新产品的创意和构思。旅游新产品的创意和构思来源主要有以下几个方面。

1. 旅游消费者

旅游消费者的需求是新产品开发的原始推动力,企业可以通过消费者需求调查,收集消费者对旅游新产品的建议,然后进行整理和筛选,捕捉有价值的创意。

2. 旅游企业员工

旅游企业员工如前台销售、产品定制经理、导游等在工作中与消费者密切接触,最了解消费者的需求,最能提出产品/服务方面需要改进的建议,这些都为新产品创意的产生提供了素材。

3. 竞争者

企业可以通过分析其他竞争企业的产品的成功与不足之处,进行改良和强化,这也为新品开发提供了有益的借鉴。

4. 旅游中间商

旅游企业中间商中的零售商、代理商在产品销售过程中与消费者接触,最先了解到消费者的需求及其变化,能够获得消费者体验的真实反馈。

(二) 创意筛选与评价

营销人员收集到若干旅游新产品的创意后,应根据企业自身的发展战略目标和拥有的资源条件对新产品进行筛选和评价,以便能够尽早发现和剔除那些明显不具有可行性的创意。

同步案例　　永兴坊的摔碗酒,摔出福气摔个热闹

"五一"小长假期间,据监测,永兴坊人流量达到18万,销售同比增长403.08%。作为永兴坊的招牌项目,摔碗酒每天要接待上千人,摔碎1万多个碗。来自武汉的张女士说:"来之前,就在抖音学了好多摔酒姿势,今天跟老公排了3个小时的队,终于体验了一次,很痛快!"

永兴坊的一位工作人员表示,摔碗酒是陕西南部岚皋县接待尊贵客人的一种仪式,双手把倒满酒的碗举过头顶,心中默默许愿,把酒一饮而尽,碗口向下用力一摔。摔碗一响,口中大喊:"碎碎(岁岁)平安!"摔走烦恼,摔走晦气,摔出豪迈,摔出福气。摔碗酒其实就是米酒,15~25度左右,没有多少酒精含量,很多人来喝主要是图一个吉利的寓意。

走红理由:一个传统民俗文化以新的形式传承与发扬,让更多人爱上传统文化,爱上大西安的豪迈气度!

(资料来源:https://www.sohu.com/a/230301087_226333.)

(三)概念测试

将经过筛选后的创意转变为具体的概念性旅游产品。产品概念化过程就是将创意具体化的过程,使之形成某一项概念性产品或者某几项概念性产品。比如针对大城市中的少年儿童对农作物和农业的陌生,旅游企业确立了"农村、农业、农事"的旅游创意,但是这一创意还待具体开发成景点和旅游线路。例如,可以针对这一创意,开发多种农业旅游产品项目,比如城郊双休务农游、秋季果园摘果游、春种游等具体的旅游产品。可以把这些具体的产品构思,形成形象化的文字资料和设计相应的旅游线路计划,对潜在游客进行调查和测试,了解他们对产品概念的意见和建议,使新产品概念更加完善,并测试市场接受情况。之后进行具体的旅游新产品细节设计和制订相应的营销计划。

> **同步案例** 火出天际的西安名吃"毛笔酥"妙笔生花
>
> 古色古香的笔架、笔筒,一支支笔头饱满的毛笔,漫步西安美食街单拍一角,不知道的还以为走进了哪家"书香门第"。但看着桌旁小哥哥、小姐姐蘸完墨送进嘴的状态,不明所以的游客才恍然大悟,原来这是吃的!而随着各大直播平台的渲染,这个小吃已经火出天际,成了全民追捧的美食。真正的笔管,逼真的笔头,各色的蘸料,酥酥的口感和各式的馅料,不论好不好吃,单是这卖相就让人竖起大拇指,做毛笔酥要经过十几道工序,和面、擀面、切面、叠面、再切面、抹蛋清、包馅、卷面、收口、剪边、捏笔尖、油炸、组装,最后就成了餐桌的"毛笔酥"。看着这秀色可餐的"毛笔",吃货们是不是按捺不住了,急切地想去吃一肚子"毛笔",让自己变得满腹诗书呢?
>
> (资料来源:https://baijiahao.baidu.com/s?id=1627129384152328296&wfr=spider&for=pc.)

(四)商业分析

商业分析是指分析概念性产品具有的商业价值。营销管理者需要针对概念性新产品做进一步的市场分析,预测市场对新产品的需求规模、未来有可能实现的销售量和营业收入、新产品开发费用及新产品促销费用,等等。例如,某乡村旅游区拟兴建民宿一条街,作为投资者需要分析当前市场对于民宿的需求情况、目标市场的规模、何时能收回投资成本、存在何种经营风险等,避免因盲目上马带来的投资失败。

(五)产品开发并检验

产品开发并检验阶段是旅游新产品开发计划的实施阶段,大量的资金投入从实质性开发阶段开始。在这一阶段,旅游企业需要对设计的新产品进行检验,以确保产品的规格、档次符合质量标准。如果是饭店、景区类旅游产品往往涉及旅游产品具体项目设施的建设、基础设施的建设、员工的招聘和培训、与原有旅游项目的利用和整合等内容。

（六）旅游产品市场测试

为减少新产品不完善可能带来的负面影响，旅游产品市场测试就是将旅游新产品放在有限的市场范围内开展试销。企业营销人员可以邀请一些旅游者、业内人士提前试用，以收集消费者对产品的感受，评价消费者对产品的需求程度，测试后，营销人员会根据反馈意见和建议对旅游新产品进行完善。

（七）正式投放市场

旅游新产品经过试销取得成功后，就可以正式投放市场，产品即进入了生命周期的引入期阶段。在这一阶段，企业需要对旅游新产品上市的时间、地点（预期旅游客源地）和目标游客，以及导入市场的策略进行决策，以下重点对前三种具体介绍。

1. 上市的时间决策

对于季节性较强的旅游产品，最好选择由淡转旺的季节上市，这样能使新产品的销售量呈上升趋势。但也该避免在旅游旺季上市，因为毕竟不完善，如果游客大量涌入会使企业因经验不足而应接不暇，因此最好有一个从少到多的适应和完善过程。

2. 上市的地点决策

企业需要确定新产品的客源地。是在所有潜在的客源地市场全面推出呢？还是由点到面地逐步扩散？各地的经济收入水平不同，消费特点不同，对新产品的接受也会表现出较大的差异。因此应该对不同市场的吸引力做出客观的评价。评价的指标有市场潜力、企业在当地的声望、产品的分销成本、对其他市场的影响力以及市场竞争的激烈程度等。企业可根据有关数据来选择主要的市场，并制订新产品的地区扩展计划。当然最好是选择那些政治、经济、文化中心城市推出新产品，这样可对周边市场也产生较大的辐射影响。

3. 上市的目标游客决策

在新产品的市场开拓中，企业应将销售和促销的重点集中于最佳的潜在游客群。最佳的潜在游客群应具备以下特征：愿意最早使用新产品；对新产品持肯定和赞赏态度；乐于传播信息；对周围的消费者有较大的影响；购买量较大。在这样的目标市场上，企业容易较快地获得高销售额，并有利于调动销售人员的积极性，也能较快地渗透企业的整个市场。

同步案例　　广西：越夜越精彩，一起去这些地方夜游

同步案例 夜游产品：六大案例，全面解码旅游夜经济打造

同步案例 从故宫灯光秀看夜游经济的供需市场

第五节　品牌策略

一、旅游品牌

旅游品牌是指旅游产品的名称、标记、符号、图案或是它们的组合，用于识别一个旅游企业的产品/服务，以有效区别竞争对手的产品/服务。旅游品牌的实质是产品的供给者提供给消费者在旅游产品特征、利益和服务等方面的一贯性承诺，是对优质产品的保证。对于旅游企业来说，品牌代表的是产品的自我形象，对于消费者来说，品牌代表的是产品的市场形象。

品牌管理

二、品牌的功能

旅游品牌的核心功能在于它可以向消费者传递某一产品的档次、品质、价格以及其他为消费者所看重的主要因素。对于旅游者来说，旅游品牌可以方便消费者进行产品购买选择，从琳琅满目的旅游产品中迅速寻找到产品，简化其购买决策过程；有助于降低购买风险，满足消费者的购买预期。

对于旅游企业来说,品牌有助于树立企业形象,促进产品销售;有助于区分细分市场,形成产品个性化的功能。比如"7天""如家"这样的经济型酒店就属于普通的大众化旅游产品,适合工薪阶层即非公务目标游客,而"万豪"就适合高收入的商务人士,两个品牌实际面对不同的市场,满足不同市场的需求。此外,旅游企业打造强势品牌还有助于企业获得较高的利润,吸引更多的品牌忠诚者,保持稳定的销量。

三、品牌策略

由于旅游品牌在市场竞争中具有较大的作用,旅游企业在营销中需根据自身情况采用不同的品牌策略。

(一)家族式品牌

家族式品牌也叫公司品牌,是指以公司的名称、字号等去标记企业所有产品的品牌,公司的所有产品都是一个名称,如迪士尼公司在世界各地的经营中都统一使用迪士尼这一名称。

使用家族式品牌的优点在于:能够壮大企业的声势,提高其知名度;公司旗下的各产品之间可以实现资源的共享,利益均沾;对于每一项产品的销售业绩,可以根据整个家族式产品的总销售业绩去测评,在没有明显的特殊原因的情况下,若整个家族产品的总销售业绩与某一项产品的销售业绩之商(整个家族产品的销售额÷某项产品的销售额)随着时间的推移有不断增大的趋势,则意味着该项产品已经到了需要更新换代的时候。

家族式品牌的不足:由于所有产品均使用统一的名称,一旦某一项产品出现声誉受损将会殃及其他产品。因此,使用此品牌策略的管理者需要对每一项产品实施严格的质量管控。

(二)个别式品牌

个别式品牌是指企业对不同类型的旅游产品实行不同的品牌。如万豪国际集团旗下的酒店分为几个品牌,如JW万豪、万豪行政公寓、万豪度假酒店、丽思卡尔顿等。个别式品牌的优点是能够通过不同的品牌来区隔产品,使消费者更好地辨识旅游产品的差异和档次,即使一旦某个品牌的旅游产品出问题,也可以产生隔断效应,不至于一损俱损,波及企业其他品牌。个别式品牌的最大不足是企业需要针对各个品牌分别开展营销传播,因此需要足够多的经费预算,否则难以成功提升每个品牌的知名度。

同步案例

凯悦酒店集团是来自美国芝加哥的世界知名跨国酒店集团,其首间酒店开业于1957年,地处洛杉矶国际机场。凯悦集团旗下主要有6个各具特色的经典品牌,分别是五星级的现代商务酒店凯悦(Hyatt Regency)、超五星级的君悦(Grand Hyatt)、安达仕(Andaz)、奢华品牌柏悦(Park Hyatt)、中高档酒店凯悦嘉轩(Hyatt Place)和凯悦嘉寓(Hyatt House)。

1. 凯悦酒店——现代商务酒店

凯悦酒店是凯悦集团的核心品牌,作为五星级豪华商务酒店,充满活力、自信是其品牌特质。酒店以高效率的专业服务、新颖的住房设施、精致的餐饮服务、齐全的健身设备及现代化的氛围而闻名。自始至终满足并超越顾客的期望,给予顾客最细致、周全的贴心服务。

2. 君悦酒店——豪华大型酒店

君悦(Grand Hyatt)如同其名称"Grand"一样,以规模宏大及设施豪华气派著称。令人兴奋、大胆、瞩目是其品牌特质。其坐落于世界各大城市中最新且繁荣的精华地段,并邻近大型会议中心,是专为商务和休闲旅行者以及大规模会议活动服务的豪华酒店品牌。

3. 安达仕——豪华个性化精品酒店

安达仕(Andaz)是凯悦集团在2007年发布的首个剔除Hyatt字样的品牌,名称来自北印度语词汇,意思是"个人风格",启发人心、本土风情、自然随意是其品牌特质。酒店不以顶层套房的大面积和奢华感做文章,而是更专注于体现当地文化风格以及品牌特有的艺术气息,着力打造独一无二的豪华个性化体验。

4. 柏悦酒店——典雅奢华酒店

柏悦定位为世界顶级精品酒店,丰富、独特、精致是其品牌特质。典雅高贵的室内空间设计、体贴入微的管家服务、细腻的精致餐饮及设施,尤其适合小规模的会议或晚宴,为顾客提供独特且精致的卓越体验。

5. 凯悦嘉轩——中高端酒店

凯悦嘉轩酒店有着凯悦标志性的简约现代风格,舒适的入住环境,简约、时尚、平易近人是其品牌特质。常见的大块商务办公区则被独立圆桌取代,客房沙发区适用于社交、休闲和日常办公,轻快的设计充分考虑到年轻一代商旅人群的生活和入住偏好,部分酒店增设全新的人工智能硬件设备,为客人提供入住办理、客房送物等服务。

6. 凯悦嘉寓——中高端酒店

凯悦嘉寓是公寓式酒店,为宾客带来如家般自然休闲的温馨感受,休闲、亲切、舒适是其品牌特质。无论是日用电器还是完备的料理和用餐区,一应俱全,能够满足家庭及长住客人的需求。考虑到商务旅客的办公需求,酒店客房内沙发区、岛台、床头两侧等任何可能成为办公点的位置都安装插座和USB快充插口,房间的岛台和沙发区则是会面或与朋友社交的理想区域,放置于社交区和睡眠区之间的电视不仅充当着天然的软隔断,还可作为投影使用,能够完美支持团队的小型会议。部分酒店增设全新的人工智能硬件设备,为客人提供入住办理、客房送物等服务。

(资料来源:http://www.cnbtmice.com/shenduguancha/20190110/6275.html.)

(三)品牌延伸策略

品牌延伸策略是把一个知名旅游产品的品牌影响力扩展到其他产品或其他领域,以此带动企业的新产品销售和新行业的发展。比如现在有些知名的五星级酒店,利用其品牌知名度和信誉涉足食品行业,向市场推出月饼、蛋糕等食品而获得了成功。

同步案例 "潜江龙虾"区域公用品牌价值超 200 亿元

本章小结

本章对旅游产品的基本理论、旅游产品结构设计、旅游产品生命周期策略、品牌策略等方面进行了介绍。分析了旅游产品的含义与特点,对产品的"三层次说"、旅游产品的"四层次说"进行了解释,介绍了旅游新产品开发的策略和程序,分析了旅游品牌策略。

关键概念

旅游产品(tourism product)　　整体旅游产品(total tourism product)
核心产品(core product)　　　　形式产品(tangible product)
延伸产品(augmented product)　　基本产品(basic product)
辅助产品(assistive product)　　品牌(brand)
产品生命周期理论(theory of product life cycle)

复习思考

1. 为什么旅游产品属于无形的服务产品?
2. 产品结构的"三层次说"包括什么?
3. 旅游产品结构的"四层次说"包括什么?
4. 旅游新产品开发的程序有哪些?
5. 简述产品不同生命周期的营销策略。
6. 就旅游产品而言,品牌个性的核心元素主要涉及哪些方面?

案例分析

稻草人旅行社品牌营销

稻草人旅行社成立于2002年,由上海财经大学户外活动社团发展而来。整体偏向年轻人群体的绿色低碳旅游,可以设计个性化旅游线路和活动内容,如班级旅行、徒步旅行、超级周末、微旅行等,"这是一场,清除了购物回扣和安全隐患的纯粹旅行,融入了当地生活、原汁原味的真实旅行,充满了积极活力、青春欢笑的快乐旅行。"正如口号:探索,体验,交流,分享中面对真实的自我,获得积极的力量。

稻草人旅行社品牌营销关键词

本真:稻草人旅行社追寻旅行最本然的意义,凭借对旅行最执着的热爱,我们深入挖掘那些真正值得探索的风景和文化,引领你融入当地的生活,体验每一个目的地的原汁原味。我们不走马观花,更不探险,而是力求还原旅行的本真。

稻草人产品

1. 微旅行

稻草人旅行就是想要让你无论是在远方还是在此地都能够体会旅行的快乐。用心打造各种微旅行方式,和你的理想生活一样,不设限制,没有框架,充满激情,足够新鲜和让人欢喜、激动。这些微缩的旅行,也能带来超大的快乐。稻草人微旅行,无时不分享,无处不旅行。

2. City Walks

City Walks 不是走马观花,也不是暴走,而是旅行在城市中的延伸。在你所熟悉的环境里,去探索你不熟悉的故事、风景和体验。精心设计的每一条线路,都是为了和你一起发现这座城市平凡却惊喜之处。带着一颗发现的心,拥抱属于你的城市,你会发现这座城市、这些人们,都足够可爱。

稻草人营销传播

稻草人依靠口碑传播和网络传播,以年轻人的方式向年轻人介绍不同寻常的旅游。其中85%以上的队员来自朋友的推荐。

(资料来源:稻草人,https://54traveler.com.)

问题

1. 结合案例和网络资源,谈谈稻草人如何运用口碑营销。
2. 请找找类似的旅游营销案例。

第七章

旅游价格策略

学习目标

掌握旅游产品价格的定义、特点、形式;了解旅游产品价格的影响因素;了解旅游产品定价程序;掌握旅游产品定价方法;掌握旅游产品定价策略,能够对不同类型的旅游产品采取适当的定价方法和定价策略进行产品价格的确定。

案例引导　"中国珍果":广西容县沙田柚的价格

近年来,位于广西东南部的容县凭借"奇楼、峤山、贵妃、将军、绣水、侨乡"等特色旅游资源,成功打造"天下奇楼,千姿容州"的城市形象,并一举成为广西特色旅游名县和广西首批国家全域旅游区,成为继桂林阳朔之后的又一旅游强县。

每年霜降之后,伴随着沙田柚的成熟,容县都会在县城边的柚子王国举办盛大的柚子文化旅游节。这期间,柚子的主产地自良镇、县底镇到处都是慕名前来采摘的游人,漫山遍野的深绿色柚林里密密麻麻地挂满了金黄色的大柚子,像一个个可爱的黄灯笼。人们在这里摘柚子、品果珍、尝美食、赏美景,山上山下,欢快的笑声不绝于耳。在柚子山,游客看中哪棵树就摘哪棵树,果农会让你先尝,满意了就给一个大蛇皮袋自己摘,通常一个人包一棵树,不少游客站在柚子树下先美美地拍照,然后动手采摘,等袋子塞满了,果农会把袋子扎好,扛下山过秤,称完再帮客人抬上车,放好。这样亲自选树采摘的价格是 6 元/斤,而在柚子王国的柚子摊点,价格仅是 3.5 元/斤。为什么同样的柚子却有不同的价格呢?

问题:
谈谈你对旅游产品定价的理解。

第一节 认识旅游产品的价格

一、旅游产品价格

产品价格往往影响着交易是否能够达成,是市场营销组合中最难确定的因素,也是市场营销组合中最关键的组成部分。旅游产品价格是旅游产品价值的集中体现,同时也是旅游主管部门、旅游企业和旅游者间较为敏感的因素之一。旅游产品的定价不仅是促进企业开展销售、获得利益的最重要的手段,而且合理的旅游产品价格策略还会给企业带来更佳的发展,但若产品定价一旦出现差错,可能会导致企业经营上的失败,因此,企业经营者应重视和懂得基本的旅游产品定价原理。

旅游产品的价格

(一)旅游产品价格的定义

旅游产品的价格就是用货币去衡量所获得的产品与服务的价值。旅游者需要支付一定的费用去购买旅游产品,以满足自身在出行时的食、住、行、游、购、娱等各种需求,而这些支付的费用就是旅游产品的货币体现,即旅游产品价格。旅游经营者在向旅游者提供旅游产品时又必然要求获得相应的价值补偿,向旅游者收取一定的费用,这时旅游产品价格又表现为向旅游者提供各项产品和服务的各项收费。

从广义上来说,旅游产品价格就是指消费者用来交换或使用某种旅游产品的利益价值量,价值量的大小受到同类旅游产品的社会必要劳动时间影响;从狭义上来说,旅游产品价格就是针对某一种旅游产品而收取的货币数量。

(二)旅游产品价格的特点

1.综合性

旅游产品具有显著的综合性,能够满足旅游者出行时的食、住、行、游、购、娱等各方面的需求,因此,其价格必然是旅游产品各方面的综合体现;同时,由于旅游产品的形成和生产需要由不同的行业和部门共同合作,因此,旅游产品价格又需综合各个部门提供给旅游者的产品与服务进行确定。

2.垄断性

旅游产品的基础是旅游资源,旅游资源不仅是旅游产品开发建设的核心,而且决定着旅游产品的特色,尤其是旅游资源中的自然、社会、历史等因素,具有独特的不可模仿性,其作为旅游吸引物使得旅游产品独具稀缺性,不易被模仿。此外,旅游产品还表现出时间与时空的特定性,其价值高于凝结于其中的社会必要劳动时间,这就导致旅游产品价格明显的垄断性。

3.高弹性

旅游者外出开展旅游活动的动机各不相同,旅游需求也千差万别;但旅游产品供给却相对稳定,旅游需求与供给的不平衡导致同一旅游产品在不同的时间中价格有所不同,定价的自由度较大,因此,可以采用差别定价和边际定价策略等以应对不同的旅游者。同时旅游市场具有较强的季节性,也使得淡旺季之间的价格差距较大,导致旅游产品价格出现明显的高弹性。

4. 多次性

旅游产品中,涉及诸多环节的商品,在这些商品中并非所有出售的都是其所有权,例如,旅游交通、旅游景点和客房等均只出售使用权而不出售所有权,因消费时间不同,其价格有所不同,因而存在多次性价格;而旅游纪念品等,其使用权与所有权均出售,并且价格是一次性的。由此可见,旅游产品价格实质上是多次性价格。

（三）价格的类型

旅游产品或服务项目的价格通常有两种类型,即战略价格和战术价格。

战略价格(strategic price)指旅游企业就其产品或服务项目的销售预先对外公布的长期性价格。对于这种价格,旅游经营者称之为常规价格(regular price)或标准价格(standard price)。比如,住宿业公布的明码房价就属于这种战略价格。

战术价格(tactical price)指旅游企业根据经营需要,为刺激市场需求,在特定时期或特定时刻推出的临时性产品售价。对于这种价格,旅游经营者称之为折扣价格(discounted price)或促销价格(promotional price)。比如,旅游企业在开展销售促进活动期间推出的各种优惠价就属于这种战术价格。

（四）常见的价格表现形式

在旅游过程中,旅游者可根据自己的需要选择购买,这就形成了几种旅游价格表现的基本形式。

1. 旅游包价

旅游包价一般会向社会统一公布,是旅游者从旅游经营商那里购买整体旅游产品而向其支付的价格。

2. 旅游单价

旅游单价是旅游者零散购买,如旅游者在途中购买车票、酒店住宿等的价格,一个整体旅游产品中的各项要素所支付的价格,都属于旅游单价。

3. 旅游差价

旅游企业所提供的旅游产品和旅游者的需求往往会在时间、空间及其他诸多因素上存在差异,以至于即便是同种旅游产品也会存在价格不一致的情况,即同种旅游产品由于在时间、地点或其他方面不同,因此存在不同价格。

4. 旅游优惠价

为保证旅游产品的销售量,吸引旅游者大量购买、经常性购买或特殊性购买,旅游企业往往会进行旅游产品的打折与优惠,这就是旅游优惠价,即在旅游产品基本价格的基础上给予旅游者一定的折扣和优惠的价格。

二、影响旅游产品定价的因素

由于价格是市场供求关系的综合反映,因此,在影响旅游企业定价的诸多因素中,既有供给方面的因素,也有需求方面的因素;既有企业内部的因素,也有企业外部的因素。旅游企业在制定产品/服务项目的战略价格时,对所有这些因素都必须通盘考虑,在就产品/服务进行战术定价时,则重点需要考虑竞争对手的同类产品价格。接下来,我们将旅游企业制定价格时通常必须考虑的影响因素分为内部因素和外部因素,分别进行介绍。

(一)内部因素

1. 旅游产品成本

影响旅游产品价格最根本、最直接的因素就是旅游产品的成本,它是构成产品价值的主要组成。成本是制定旅游产品价格的下限,一旦价格低于成本,企业再生产将难以为继,因此,旅游产品价格必须高于成本。但在特殊的时期,有时会采取特定的营销手段,成本不一定是定价的下限,企业会把价格降到成本之下。

2. 旅游产品特点

(1)旅游产品的需求波动性。

旅游产品需求周期会受到产品的声誉、产品的吸引力、产品的季节性等的影响,以至于引起价格的一定波动,例如,以自然景观为主的旅游产品,会明显受到四季更替产生不同需求的影响,使旅游产品价格有所不同。

(2)旅游产品的替代性。

旅游产品之间存在着一定的替代性,比如,旅游交通、住宿、购物、娱乐等产品的替代性就很强,甚至可以完全被替代。替代性较强的旅游产品价格波动性较明显,而替代性较弱的旅游产品则价格波动性较低。

(3)旅游产品的价格弹性。

旅游产品的价格弹性是指旅游产品的需求数量对产品价格的敏感程度。若用 EP 表示需求价格弹性系数,则当 EP>1 时,需求量相应变化的幅度大于价格变化的幅度,称之为需求富有弹性。对于这类产品,价格上升或下降会引起需求量较大幅度地减少或增加,经营者可以通过降价达到增加利润的目的。当 EP=1 时,需求量相应变化的幅度等于价格变化的幅度,称之为需求无弹性。这类产品价格变动对旅游企业的销售收入影响不大。当 EP<1 时,价格上升或下降会引起需求量小幅度地减少或增加,经营者可以通过提价来获得更大的利润。不同旅游产品的价格弹性不同,有些旅游产品的需求数量对价格敏感,而有些旅游产品即使价格变动也不会带来需求数量的变动。

(4)旅游产品的构成。

旅游产品的构成包含多个层次,在市场营销过程中,旅游企业为了实现旅游产品较高价格的销售,不仅要衡量旅游产品的核心部分,还要施之以较高水平的服务,使旅游产品的价格和服务一致,例如,旅游企业向旅游者提供一些额外免费的服务项目,使其认为是购买了旅游产品后带来的额外利益,既增强旅游者对购买较高价格旅游产品的信心,也赢得旅游者对其价格的理解和认可。

3. 企业战略与产品定位

旅游企业自身发展、市场份额以及投资回报等的战略决策,也会影响产品/服务的定价。比如,旅游企业决定将市场渗透作为自身发展的战略目标,那么,其产品价格就不可能高于市场上同类产品的价格。如五星级酒店客房的价格体系,会参照行业内同等档次的价格标准来制定,如果偏离同档次的价格水准,就得不到旅游者的认同。同理,定位于低端的经济型酒店,其定位决定了其常规房价必须较低。总之,一个旅游企业的战略和定位确定了该企业在未来多年的营销基调,即企业产品战略价格的上限或下限,也会影响旅游企业对战术价格的使用。

4. 营销目标

旅游企业市场营销中的各方面决策均要围绕营销目标的实现展开,如某经济型酒店有80间客房,假定年度计划营销目标要实现客房销售收入220万元,目标客房出租率为70%,那么,根据这一目标,该酒店的平均房价至少应该是108元/间·夜(220万元÷(80间×365夜×70%)),即酒店的常规或标准房价必须高于这一价格,否则营销目标无法实现。

实际上,营销目标不仅会影响企业产品的常规价格或标准价格的制定,在某些时期开展销售促进活动时,营销目标还会影响产品的战术价格制定。

5. 非价格竞争因素

非价格竞争因素是指营销者应对竞争的各种非价格手段,如依靠产品的特色品质或服务、额外的利益等去吸引消费者购买,而不是依靠降价。如某些高档酒店在疫情防控期间推出的"连续住宿三晚可以免费赠住一晚"之类的促销举措。直接降价对于这些酒店来说有可能会损害企业形象,而在非常时期固守常规,无疑不仅不利于吸引客源,还可能影响近期内的现金流,甚至使企业生存受到威胁,因此,上述策略有助于争取客源又不损害品牌形象。

(二) 外部因素

1. 旅游市场结构

企业旅游产品所在市场的结构对旅游产品的定价影响很大。市场竞争格局分为完全竞争的市场、不完全竞争的市场、完全垄断的市场和寡头垄断的市场四种类型。

在完全竞争的市场中,企业没有定价的主动权,因各个旅游企业的同类产品同质化程度高,产品替代性很强,所以只能被动地接受市场竞争中形成的平均价格。在不完全竞争的市场中,旅游产品定价就可以根据旅游消费者对其产品差异的感知和认同度,超出行业的平均水平,因此,企业可以有意识地通过制造产品差异来形成产品特色,以形成产品对消费者的特殊吸引力,造成产品的不可替代性,而使定价超出行业平均水平。在完全垄断的市场中,一家企业在一个地域内垄断了一种旅游产品的经营,以至于完全控制了市场价格。例如,在风景名胜区中由于资源的独占性和政府对企业进入该区域的限制,尤其是特许经营风景名胜区,旅游企业所确定的产品价格基本上或很大程度上是垄断性价格。在寡头垄断市场上,市场份额被少数几家企业瓜分,每个企业都有较高的市场份额,市场的进入壁垒很高,这时市场内的几家寡头往往会形成价格同盟,因此,市场中产品的价格不易改变。

2. 竞争者的价格

旅游企业在制定价格时,必须了解和比较竞争对手的同类产品的价格,做到知己知彼,百战不殆。对于旅游企业来说,在市场供大于求,客源争夺激烈的情况下,除非本企业的产品不可替代,否则,定价高于同类竞争产品的价格,无异于将顾客推向竞争对手。竞争者的价格是企业在制定战术价格时需要重点考虑的因素。

3. 宏观政策

旅游产品价格的制定必须考虑有关政策和法规。旅游目的地为实现自身经济发展，必然制定一系列的宏观经济政策，而旅游价格政策是政府宏观经济政策的重要组成部分。以宏观经济政策指导价格政策，会对旅游价格产生不同程度的影响。各个国家和地区在不同经济发展时期实行的价格政策和策略是不同的，这主要取决于一定时期内国民经济发展的总目标及国家对旅游业的态度。随着我国行政管理体制改革的日益深化及旅游行业管理组织的建立和完善，旅游产品的价格将由政府直接制定转由行业管理组织制定。

4. 其他环境因素

旅游企业在制定产品价格时还需要考虑外部环境中的其他环境因素，如汇率的变动、通货膨胀等也会对旅游产品价格产生影响。汇率变动对出入境旅游影响较大，而旅游目的地的通货膨胀会带来旅游企业产品的生产与经营成本费用上涨，旅游企业必须提高旅游产品的价格，并使价格的提升幅度大于通货膨胀率，才能保证减少亏损。这在客观上会损害消费者的利益，以及破坏旅游地的形象。

实训项目

学生以小组为单位，任选本地一家旅游企业（酒店/景区/旅行社等）分析其价格体系。

任务：1. 分析该企业产品价格制定的主要影响因素。

2. 分析该企业近一年来战术价格调整的原因。

第二节　旅游产品定价方法

旅游业是一个需求波动较大的行业，在酒店、交通成本结构中，变动成本比较高，旅游企业定价的灵活性大。在实际工作中，定价方法多种多样，企业为了实现预期目标，要从诸多定价方法中挑选适当的方法，制定出本企业旅游产品的价格。

旅游产品
定价的方法

一、旅游产品定价程序

（一）目标市场购买力分析

目标市场是旅游企业经过市场细分以后选择的作为服务对象的特定旅游者群体。作为企业开展旅游业务的收益来源，目标市场的收入水平、规模、消费倾向是企业定价的前提条件。因此，企业要在定价之初通过对目标市场的评估，预测目标市场的容量和潜能，以及目标游客的价格承受能力，以便采取主动、灵活的价格策略，引导和培育目标市场的成长。对目标市场购买力进行评估，要了解目标游客的总收入、纯收入、可自由支配收入、可能用于旅游产品购买的收入，此外，还要了解目标游客对旅游产品的偏好、对价格的敏感性、所接受的非价格竞争方式等。

（二）目标市场定位

企业在特定阶段有不同的营销目标，有时要通过旅游产品的价格策略来实现。旅游产品的市场定位确定了企业的市场形象，而企业往往会通过旅游产品价格来向市场显示自己产品的市场定位。比如，企业在开发出旅游新产品后，会通过较低的价格来激励游客试用，如果定价过高，会抑制游客试用新产品的积极性。因此，旅游产品定价从一定程度上反映了企业的营销战略和策略意图。

（三）测算产品成本

目标游客的需求强度和产品成本共同决定着旅游产品价格变动的区间。因此，旅游企业应该精确测算旅游产品的成本，尤其是区别其中固定成本和变动成本对制定价格的影响。不仅如此，企业还需要研究成本、价格和需求数量间的动态关系，尤其是单位固定成本与需求数量的关系，测算出最佳规模时的最低成本，并从中看出旅游产品成本发展的趋势，从而为确定最佳的产品价格提供可靠的依据。

（四）选择定价目标

旅游企业确定定价目标关系到企业生存和发展的时间、空间，企业在做定价目标决策时必须考虑到自身的规模实力，考虑到市场拓展的有利因素和障碍，考虑到目标市场的转移、替换以及企业资源配置的可能性和变化等，利用旅游市场中现在和今后可能变化的最高限价和理想价格比较，在诸多的定价目标中选择出符合自己实际情况的定价目标。

（五）确定定价方法

旅游产品价格的确定要在全面准确的调查和预测的基础上，运用科学的方法，综合考虑旅游市场竞争者目标游客的不同需求以及价格因素的灵活性的影响，才能保证价格水平与市场需求相吻合。此外，旅游企业在定价过程中还必须充分考虑竞争者和消费者的心理、市场的差异和需求差别，运用定价策略巧妙地进行定价，使定价工作与其他营销工作相配合，为企业的全面发展创造良好的环境和条件。

（六）进行价格调整

通过定价方法计算出的旅游产品价格仅仅是形成价格的基准，企业还应该综合考虑各种因素对基准价格进行适当调整，以发挥价格在营销中的促销作用，这是价格策略艺术性的具体体现。旅游企业可以按季节、心理因素、地区差别和渠道地位对价格进行调整。

同步案例　　来自钟点房的收入

某宾馆毗邻火车站，该宾馆销售人员发现每天来火车站中转换车和等候乘车的旅客数以万计。本着"宁早勿误"的原则，人们总是提前几个小时到站，尤其是远道而来的旅客等上大半天的情形屡见不鲜。对于花上几百元在宾馆开房，大多数

人都觉得不划算。但是,许多人确实需要在开车前有个舒适的环境休息几小时,该宾馆的销售人员敏锐地察觉到这是一个可开发的潜在市场。于是,尝试性推出钟点房服务。一间标间房价280元,钟点房以两小时为一节,价格50元。这招果然奏效,天天有人来开钟点房,宾馆客房出租率上升了近20个百分点。在此基础上,宾馆加大了钟点房开发力度:对内,专门开辟出钟点服务楼层,增加人手,改进服务;对外,在火车站进出站口、车站广场、售票厅等人流密集区设置醒目广告,宣传钟点房的内容和价格。年终报表显示,来自钟点房的收入占总客房收入的40%左右。

二、旅游产品定价方法

(一)成本导向定价法

成本导向定价法就是在平均总成本的基础上加上一定的期望利润,从而计算出旅游产品价格的方法。成本导向定价法又可以分为以下几种。

1. 总成本加成定价法

总成本是旅游企业在一定时期生产经营产品时的全部费用支出,按照不同费用在总成本中的变动情况,又可以分为固定成本和变动成本。这种定价方法公式如下:

单位产品价格=[总成本×(1+利润率)]/预期产品产量

=[(固定成本+单位变动成本×产量)×(1+预期成本利润率)]/预期产品产量

=单位产品成本+单位产品预期利润

2. 变动成本加成定价法

这种方法又称为边际贡献定价法,是在定价时只计算变动成本,而不计算固定成本,在变动成本的基础上加上预期的边际贡献。所谓边际贡献,就是销售收入减去补偿固定成本后的收益,也就是补偿固定成本费用后企业的盈利。这种定价方法公式如下:

单位产品价格=(变动总成本+预期边际贡献)/预期产品产量

=单位产品变动成本+单位成本边际贡献

3. 盈亏平衡定价法

盈亏平衡定价法又称保本定价法或收支平衡定价法,是指在销量既定的条件下,企业产品的价格必须达到一定的水平才能做到盈亏平衡、收支相抵。企业试图找到一种价格,使用这种价格时,企业的收入与成本相抵,或者能达到期望的利润目标。该方法确定的旅游产品的价格,就是旅游企业的保本价格,低于此价格旅游企业就会亏本,高于此价格旅游企业就会获得利润,实际价格高于保本价格越多,旅游企业获利将越多。这种定价方法公式如下:

保本点价格=固定成本总额/预计销售量+单位变动成本

举例:某饭店有客房380间,每间客房的固定成本是150元,单位变动成本是40元,饭店年均出租率为70%,问房价为多少才能盈利?

$$P=380\times150\div(380\times70\%)+40\approx254(元)$$

（二）需求导向定价法

需求导向定价法是根据游客需求因素来制定旅游产品价格的方法，即根据旅游者的需求强度、支付水平以及对旅游产品价值认知程度制定价格。一般而言，价格是供求双方力量均衡的结果，在供大于求的买方市场条件下，需求成为价格决定的主导因素。旅游者愿意支付的价格高低不仅取决于旅游产品本身有无效用和效用大小，而且取决于旅游者对旅游产品的主观感受和评价。需求导向定价法反映了旅游需求，但由于这种定价方法与成本没有必然联系，因此，旅游企业要注意不同供求状况下利润的合理分配。常用的需求导向定价法主要有以下几种类型。

1. 差别定价法

差别定价法是指在旅游产品成本相同或相近的情况下，根据旅游者对同一旅游产品的效用评价差别来制定差别价格的方法。主要有：针对不同游客的差别定价，即同一旅游产品视旅游者的不同身份实行差异价格；针对不同地点的差别定价，如同样的餐饮在一般餐厅与在宾馆餐厅的价格不同，在餐厅用餐与送到客房用餐的价格不同；针对不同时间的差别定价，即利用不同时间段的差别定价调整产品的供求关系；针对同一旅游产品增加微小服务的差别定价，如客房增加叫醒服务后的价格要高些，每天送一束鲜花也会提高价格。

2. 声望定价法

声望定价法是旅游市场中美誉度高的旅游企业有意识地拉大与同类旅游产品的差距，以此来强调本企业旅游产品和服务的高质量，提高旅游产品和旅游企业的档次与声望。同时，还有一部分旅游者把购买高价旅游产品作为自己身份地位的象征，如高级商务旅游与行政管理人员的旅游需求。

3. 心理定价法

心理定价法是为了刺激和迎合旅游者购物的心理需求的定价方法。常见的心理定价法有零头定价法，这是为了刺激和迎合旅游者的求廉心理而采取保留恰当的价格尾数的定价方法，如顾客会认为标价为9.9元的商品是在10元内的范围，而11元的商品就被认为已经超过10元，是一个需要付两位数价钱的产品，尽管二者只相差1.1元钱，但有尾数的价格给人以打折或特价的味道。此外，还有的尾数定价是受消费者传统习俗的影响，如中国消费者偏爱"6""8"等吉利的数字。

整数定价法是高档旅游产品常用的定价方法，尤其是高消费水平的旅游者往往将整数价格看成高质量的表现，购买这样的产品能够体现其身份和地位，这是为满足旅游者显示自己地位、声望、富有等心理需要而采取的定价方法。

（三）竞争导向定价法

在激烈竞争的旅游市场中，定价除考虑成本和游客需求外，还需要考虑竞争因素。竞争导向定价法指在定价中主要考虑竞争对手的定价方法。尤其当企业以应付竞争为主要目标时，通常会依据竞争对手产品的价格来确定自己产品的价格。竞争对手的价格策略会对企业旅游产品的销售产生很大影响，这就需要旅游企业定价时参照市场上竞争对手的价格。旅游企业常采用的第一种方法是随行就市定价法。这时市场竞争激烈，企业除了和提供同样产品的同类企业站在同一价格线上外别无选择，因为如果没有价值上的差别，提高价格是

很困难的,而降低价格又会使竞争者趋同。市场经济是竞争经济,旅游企业不可避免地要遇到各种竞争因素。以竞争导向定价,就是为了竞争或避免竞争的直接冲突,其着眼点在竞争对手的价格上,而不是产品本身的价格与成本及需求的变化。

第三节 旅游产品定价策略

旅游产品定价要以科学的理论和方法为指导。由于竞争和旅游者的需要,旅游企业还需要使用一定的定价策略。旅游定价策略是旅游企业在特定的经营环境中,为实现其定价目标所采取的定价方针和价格竞争方式。没有明晰的定价策略,定价方法的选择和调整就会僵化,旅游企业就很难准确地把握竞争时机,实现定价目标和经营目标。因此,研究和制定有效的旅游定价策略是实现旅游定价目标的重要环节。

一、旅游产品不同生命周期阶段的定价策略

旅游产品在不同的生命周期阶段,具有不同的市场特征和产品特征,定价也应有不同的策略。

（一）导入期的定价策略

1. 低价占领策略

低价占领策略是旅游企业以相对低廉的价格,在较短的时间内让旅游者接受旅游新产品,以获得尽可能大的市场占有率的定价策略。这种定价策略有利于尽快打开销路,缩短推出期,争取旅游产品迅速成熟完善;同时,还能阻止竞争者进入市场参与竞争,尤其适合用于特点不突出、易仿制、技术简单的新产品,如旅行社的观光类产品、低星级酒店的客房产品等。

2. 高价定价策略

高价定价策略又称撇脂定价策略,是指旅游新产品的价格定得很高,以便在短期内获得丰厚利润的定价策略。这种定价策略如果成功,可以迅速收回投资,也可为后期降价竞争创造条件。但这种策略的风险较大,如果旅游者不接受高价,则会因销售量少而难以尽快收回投资。这种定价策略比较适合特色明显且其他旅游企业在短期内难以仿制或开发的旅游产品。

（二）成长期的定价策略

旅游产品在成长期的销售量会迅速增加,单位产品成本明显下降,旅游消费增多,旅游企业利润逐渐提升,市场上同种旅游产品开始出现并有增多的趋势。成长阶段可选择的定价策略有以下两种。

1. 稳定价格策略

稳定价格策略,即保持旅游产品价格相对稳定,把着力点放在旅游促销上,通过强有力的促销增加客源,完成更多的销售量,从而实现利润最大化。

2. 渗透定价策略

渗透定价策略是一种低价策略，即在旅游产品投入市场时，以较低的价格吸引旅游者，从而很快打开市场，迅速提高市场占有率。

（三）成熟期的定价策略

在这一阶段，旅游需求从迅速增长转为缓慢增长，达到高峰后缓慢下降，旅游产品趋于成熟，旅游者对旅游产品及其价格有了比较充分的了解，旅游企业常常选择竞争定价策略，即用相对降价或绝对降价的方法来抵制竞争对手。采用绝对降价策略时，要注意把握好降价的条件、时机和降价幅度；采用相对降价策略时，要注意辅以旅游服务质量的提高。

（四）衰退期的定价策略

1. 驱逐价格策略

驱逐价格策略，即旅游企业以尽可能低的价格将竞争者挤出市场、争取更多旅游者的策略。此时的旅游价格甚至可以低到仅比变动成本略高的程度，也就是说，驱逐价格策略的低价以变动成本为最低界限。

2. 维持价格策略

维持价格策略，即通过维持原来的价格，开拓新的旅游资源和旅游市场来维持销售量的策略。这样做既可以使旅游产品在旅游者心目中原有的印象不至于急剧变化，又可使企业继续保持一定的经济收益。

二、旅游差价

所谓旅游差价，是指同种旅游产品由于不同地区、不同时间、不同质量、不同环节引起的一定幅度的价格变化或差额。旅游差价主要包括地区差价、季节差价、质量差价和批零差价四种类型。

（一）地区差价

旅游地区差价是指旅游产品在不同地区形成的价格差额。各地旅游资源的丰富程度不同，旅游设施条件和旅游服务水平不一，由此形成的旅游吸引力大小也不一样。有些地区具有丰富的旅游资源，能够吸引较多的旅游者，因而成为旅游热点地区；另一些旅游资源匮乏的地区，不能吸引旅游者，因而成为旅游冷点地区。旅游热点和冷点产生的旅游需求倾向引起旅游供求的地域矛盾，进而导致旅游地区差价的形成。

旅游地区差价可以调节不同地区的游客流量，缓解供求矛盾，通过高价可以控制过多的旅游者进入热点地区，利用低价可以吸引更多的旅游者前往冷点地区，从而促进或保证各地旅游业的均衡发展。

（二）季节差价

旅游季节差价是指旅游产品在不同季节形成的价格差额。旅游供给与旅游需求在各个季节的不同变化是旅游季节差价产生的主要原因。例如，航空公司、酒店的价格会随着季节需求来调整价格。通过实行旅游季节差价，可以有效地调节供求关系，促进旅游产品价值和使用价值的全面实现。实行旅游季节差价时要明确上限和下限，并根据各个地区的不同情况制定相应的差额或幅度。

（三）质量差价

旅游质量差价是指同类旅游产品由于质量不同而产生的价格差额。与一般商品相同，旅游产品的质量也存在着明显的差异。同一类旅游产品，在生产过程中的耗费是不同的，由此创造的价值和使用价值也不同，这种差别通过价格表现出来，就是旅游质量差价。比如旅行社的旅游团有经济团和豪华团之分，航空公司的票价有头等舱、商务舱、经济舱票价之别，酒店的客房价格也因标准间、套间、总统套房等而不同。

实行旅游质量差价必须贯彻质价相符的原则，做到按质论价、优质优价、低质低价。旅游企业必须根据一系列的量化指标确定旅游产品的等级标准。在此基础上，对旅游产品进行科学的质量划分，然后再制定相应的质量差价。

（四）批零差价

旅游批零差价是指同种旅游产品批发价与零售价之间的差额。旅游批零差价一般发生在旅游批发商和旅游零售商之间。在旅游产品的销售过程中，零售商或中间商要耗费一定的劳动和费用，为了获得相应的补偿，会把耗费加到购买价即批发价上作为零售价，由此形成了批发价和零售价之间的差额，即批零差价。

三、旅游优惠价

旅游优惠价是指旅游产品供给者在明码标价的基础上，给予旅游产品购买者一定折扣之后的价格。旅游优惠价格主要有以下三种类型。

（一）同业优惠价

同业优惠价是指对同行者实行的优惠价格。旅游同业者为了合作顺利并保证各自的基本利益，相互之间会予以一定程度或比例的优惠，这种优惠既有自行规定的，也有相互商定的。例如，许多酒店集团规定，本集团的人员入住本集团的联号酒店可享受50％的折扣价。

（二）销售优惠价

销售优惠价是指根据消费者的购买数量实行的优惠。当消费者购买的产品超过一定的数量后，旅游产品的生产者或经营者按购买数量给予一定比例的价格优惠，这种优惠可以是一次购买量达到要求后即可给予，也可以是一定期限内的累计购买量达到要求后再付诸实行，其目的在于建立、巩固企业与消费者之间的买卖关系，从而扩大产品销售，增加企业利润。例如，航空公司推行的常客奖励计划、酒店提供的公司协议价格等均属于这种策略。

（三）老客户优惠

老客户优惠是指对于经常购买本企业产品的顾客给予一定的价格优惠。为保证销售量，旅游企业会采取给老客户一定优惠的措施，维护这部分消费群体，争取稳定的客源。例如，有些酒店对一些大旅行社给予长期的优惠价格，而这些旅行社定期向这些酒店输送客源，做到互惠互利。

同步案例　　优化酒店会员计划　提升住客忠诚度

2019年刚开年,各大酒店集团便在会员计划上狠下功夫,除了将酒店集团旗下各品牌的会员计划打包整合之外,还不断通过各种合作方式,打通不同酒店集团间的会员计划,提升会员计划的福利度,以此来提升旗下酒店会员计划的吸引力。在酒店选择越来越丰富的情况下,酒店会员计划已经成为争抢客源的一大利器。

温德姆奖赏计划宣布从2019年4月起推出全新礼遇,会员可用低至7500点温德姆奖赏计划积分在全球数千家酒店兑换一晚免费住宿,这个全新的兑换积分数额仅为原计划的一半,而会员亦可在新增的900多家La Quinta酒店,以及在众多新增的合作伙伴平台赚取和兑换温德姆奖赏计划积分。"让积分变得更值钱"成为酒店集团的共同努力方向,而最大的受益者就是住客本身。温德姆酒店集团环球忠诚度计划及合作伙伴关系高级副总裁Eliot Hamlisch透露了酒店的计划方向,在经过市场调研之后,他表示,会员更喜欢会员奖赏计划简单明了、慷慨大方,所以在这次计划升级中,温德姆推出以一半积分兑换数千家酒店住宿的福利,以增加会员赚取和兑换积分的途径,使会员更轻松地参与计划。除了简单地将免费住宿的门槛降低之外,酒店集团在会员计划方面还增强了灵活性,会员可在更多目的地通过多种方式兑换积分,比如会员可以使用"积分+现金"的方式兑换,如果积分不够,还可以用现金补足。

希尔顿荣誉客会宣布从2019年1月3日起,会员直接预订入住中国希尔顿欢朋酒店,可累积相应的积分,并且各会籍等级也适用于希尔顿欢朋酒店品牌。同时,Le Club AccorHotels雅高乐雅会客户忠诚计划近期也宣布欢迎悦榕酒店和度假村旗下品牌酒店的加入,通过这项合作,悦榕集团将接入雅高酒店集团全球预订及销售网络以及Le Club AccorHotels雅高乐雅会忠诚计划。酒店集团通过合并、整合旗下品牌,不断扩容会员计划的可使用范围,对于住客来说,这意味着增加了赚取积分的途径。此外,除了住宿之外,可积分的途径也进一步增加,比如温德姆奖赏计划将推出购物网站,让会员可以在数千家在线零售商处购买产品来赚取积分。

(资料来源:根据《酒店发力打造会员计划,福利升级玩得醒》一文整理,http://travel.southcn.com/l/2019-04/07/content_186392290.htm.)

问题:

1. 运用相关定价策略知识分析酒店的会员福利升级行为。
2. 酒店应该怎样提高自身竞争优势?

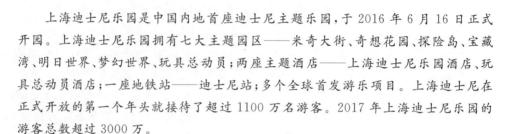

同步案例　上海迪士尼门票调价？

上海迪士尼乐园是中国内地首座迪士尼主题乐园，于 2016 年 6 月 16 日正式开园。上海迪士尼乐园拥有七大主题园区——米奇大街、奇想花园、探险岛、宝藏湾、明日世界、梦幻世界、玩具总动员；两座主题酒店——上海迪士尼乐园酒店、玩具总动员酒店；一座地铁站——迪士尼站；多个全球首发游乐项目。上海迪士尼在正式开放的第一个年头就接待了超过 1100 万名游客。2017 年上海迪士尼乐园的游客总数超过 3000 万。

按照迪士尼惯例，乐园门票提供多种优惠。儿童（身高 1.0 米至 1.4 米，含 1.4 米）、65 周岁及以上老年人、残障游客购买门票可享受七五折优惠。身高 1.0 米及以下的婴幼儿可免票入园。此外，购买两日联票可享有总价九折的优惠。

然而，上海迪士尼乐园公布于 2020 年 6 月 6 日起实行新的票务方案。实行新方案前，上海迪士尼乐园的票务方案为三级票价结构，分别为平日（399 元）、高峰日（暑假、周末和大部分节假日，575 元）和假日高峰日（春节和国庆节假日，665 元）。而 2020 年 6 月起实行的新票务方案则新增了一级票价，分为常规日、特别常规日、高峰日和特别高峰日四级票价结构。

其中，基础门票即"常规日"价格保持不变，仍为 399 元，涵盖冬季和秋季的大部分日期。新增的一级为"特别常规日"，这一级低于目前票务方案里的中档票价，将包括春季大部分日期和部分周末，价格为 499 元。"高峰日"将涵盖夏季大部分日期、部分周末及节假日，价格为 599 元。"特别高峰日"则为超高客流的法定节假日、节假日的调休日以及一些国际性节日，价格为 699 元。

此外，在新的票务方案里，上海迪士尼乐园还将继续为儿童、老年人和残障游客提供约七五折的门票折扣，为特殊群体提供优惠。而在 2019 年 9 月，在倾听各方意见之后，迪士尼还调整了儿童票标准，将年龄与身高共同纳入优惠范畴，让更多儿童可以享受门票优惠。

（资料来源：根据《上海迪士尼明年起门票调价：新增 499 元"特别常规日"门票这些日期更划算！》一文整理，https://www.sohu.com/a/359111883_120410780。）

问题：
1. 上海迪士尼的三级票价结构体现出企业用的是什么定价方法？
2. 门票调价后对上海迪士尼的销售影响如何？

本章小结

本章对旅游产品定价及定价方法问题进行了介绍。旅游产品定价包括旅游产品价格、旅游产品定价程序、旅游产品定价方法、旅游产品定价策略等问题。旅游产品价格受到旅游产品成本、旅游产品特点、旅游市场结构、企业市场定位、旅游营销组合要素、营销目标、宏观政策等因素的影响。旅游产品定价方法包括成本导向定价法、需求导向定价法、竞争导向定价法三种。对旅游产品价格的调整，可采用适当的定价策略，包括旅游产品不同生命周期阶段的定价策略、旅游差价、旅游优惠价三种。

关键概念

旅游产品价格(tourism product price)
战略价格(strategic price)　　　战术价格(tactical price)
标准价格(standard price)　　　常规价格(regular price)
折扣价格(discounted price)　　促销价格(promotional price)
成本导向定价法(cost-oriented pricing)
成本加成定价法(cost-plus pricing)
需求导向定价法(demand-oriented pricing)
竞争导向定价法(competition-oriented pricing)
撇脂定价(skimming pricing)　　渗透定价(penetration pricing)
差别定价(discrimination pricing)　生存定价(survival pricing)

复习思考

1. 旅游产品价格的定义是什么？
2. 常见的旅游产品定价形式有哪些？
3. 旅游产品定价程序包括哪几个步骤？
4. 旅游企业在进行旅游产品定价时，需要考虑的因素有哪些？
5. 如何选用旅游产品定价方法？
6. 运用相关旅游产品定价知识试对当地一家旅游企业的旅游产品定价进行分析。

案例分析

星级酒店的高标低卖

经常住星级酒店的消费者似乎早就对酒店大堂内标得很高的房价视而不见了。因为长期以来,星级酒店房价"高标低卖"的现象极为普遍。难怪有人说,高档商场的打折还有期限呢,而星级酒店的打折却"永不停息"。

在几家三星级至五星级酒店的大堂内,其标注的房价与实际入住价格相距甚远,最低的竟能打到三折。一家酒店标准间的价格为1380元,打折后为800元;一家四星级酒店标准间标价为3000多元,而拿到手的真正价格为1380元。酒店的门市挂牌价是由物价部门审核过的,但这个价格一般仅供参考。《中国旅游饭店行业规范》中规定,酒店应当将房价表置于总服务台显著位置,供客人参考。酒店如给予客人房价折扣,应当书面约定。

各酒店的门市价是根据市场情况来定的,定价一般参照同星级酒店平均水平,再结合本酒店地理位置、特色等优劣势定位,在一定程度上它也是酒店档次的象征。也就是说,虽然门市价大部分时候形同虚设,但也必须得挂在那儿。此外,消费者的心理原因也在一定程度上造成酒店高标价低折扣的现象长期存在。因为消费者已经习惯于酒店房价打折,如果将门市价格定为最终售价,部分消费者仍会觉得不打折不划算。

就国内酒店市场而言,只有知名旅游城市的酒店,在旺季时一些房间的价格几乎没有折扣,但这种情况只有办全国性会议时才可能出现按门市价格出售的情况,而且只是针对散客,要是团队提前预订也是按照折扣价出售。

(资料来源:根据《津星级酒店房价"高标低卖"普遍 专家称无可厚非》一文整理,http://www.chinanews.com/cj/xfsh/news/2008/07-14/1312025.shtml.)

问题

星级酒店的房价"高标低卖"是什么策略?

分析提示:星级酒店实行的是"虚拟定价"策略,这使得消费者在得到实际成交价时与参照价格相比得到心理上的满足,同时打折也是市场竞争的必然趋势。酒店的门市价格是与其自身的定位相结合的,比如酒店的装潢、服务、配套、目标客群层次等要素必须与定价相匹配。酒店在经营中必须突出特色,坚持一定水准的定价,但竞争激烈可采取打折促销的手段。如果全部实行明码标价又与其定位不符,而进行打折只是一种营销策略,与其形象定位、消费者心理定位不冲突。重要的是,酒店可以在价格上打折,但不能在服务上也打折扣。

第八章

旅游渠道策略

学习目标

掌握旅游产品营销渠道的概念、特点、作用;能够识别判断旅游产品营销渠道的类型;了解旅游产品营销渠道的影响因素;了解旅游产品营销渠道选择的原则;掌握旅游产品营销渠道选择的策略;了解旅游产品营销渠道的调整方法;了解当前技术发展对旅游产品营销渠道的影响。

案例引导 携程×英国旅游局的媒体营销:"玩出我的英伦范"目的地营销

自2018年3月起,英国旅游局就携手携程展开线上线下整合式推广,目的在于打破人们对于英国的刻板印象,提升目的地认知,并最终实现销售转化。在线上,通过微信朋友圈、携程站内、抖音等渠道投放个性化广告,并邀请KOL发布种草式文章,实时监测用户数据与动态;线下则在影院、地铁等地方大量铺放广告。至今,项目总体达到超3亿曝光,2019年前往英国人数同比增加40%。大数据报告显示,英国一直位居目的地排名前五。

1. 目标人群定位与触达

根据携程在会上的介绍,项目在推进过程中主要考量三个层面的问题,一是如何定位和寻找想要触达的人群;二是通过哪些渠道触达这些人群;三是通过什么样的内容吸引这些人群的注意力。结合英国旅游局的市场调研,活动主要选取了两类人群,第一类是Buzz Seekers,他们的年龄主要集中在25—44岁,有着较高收入、冒险精神和非常强烈的旅游意愿。第二类是Culture Buffs,年龄相对偏长,属于中产阶级,同时生活节奏较慢,也更愿意体验其他国家的文化和风情。在人群的触达上,携程会根据年龄、收入、客群客源地、兴趣标签等划分指标和元素,并将其转化为人群筛选的标准。

2. 线上线下推广策略

通过分析用户的决策周期,携程发现,用户选择去往目的地(英国)旅行可以分为以下几个步骤:①灵感激发,听说过目的地同时希望前往;②目标明确,有活跃的意愿和想法;③主动搜索目的地的相关旅游信息;④搜索相关攻略;⑤在旅途中;⑥旅后分享及种草。基于用户这一消费决策步骤,携程将推广与渠道融入消费者的行为中,并在线上线下进行多样化推广:基于境内中高端用户流量的广告资源投放;新媒体及内容营销,包括达人在线分享会等;基于携程大数据的精准投放和监测运用。携程提到,除了在投放前期对用户进行筛选,在投放中期,平台也会通过后台及第三方进行实时投放监测,观察用户行为,以优化后续投放策略。而针对不同主题、不同渠道、不同用户决策周期也会做出不同投放策略。

3. 项目创新点

一是 OTO 线上线下资源渠道同步推广,携程会将二维码嵌入线下物料中,用户通过扫描二维码,进入线上。二是达人深度互动营销,不仅邀请 KOL 到旅游目的地进行体验,更在此基础上进行线下宣讲和后续活动开讲。

(资料来源:根据《携程×英国旅游局:"玩出我的英伦范"目的地营销》一文整理,https://socialbeta.com/t/104754。)

问题:

"玩出我的英伦范"对旅游目的地营销的启示是什么?

第一节 认识营销渠道

一、旅游营销渠道的概念

旅游产品从旅游生产企业向旅游者转移过程中所经过的各种环节和途径,即营销渠道。这个环节和途径是由一系列取得使用权或协助使用权专业的中介组织和个人组成的,营销渠道的起点是旅游生产者或旅游供应商,终点是旅游消费者。旅游企业往往希望自己的产品能直接到达旅游者,然而事实并非如此。绝大部分旅游产品从旅游企业到达旅游者需要经过一系列的中介机构,即中间商,这样就形成了渠道;而旅游生产企业、旅游中间商、旅游消费者因旅游产品的流通而连接起来,被形象地称为渠道成员。

旅游销售渠道

二、旅游营销渠道的特点

旅游产品为服务产品的一种,大多以无形的服务为具体体现。所以,旅游产品营销渠道与其他商品营销渠道相比有其独特之处。

（一）旅游产品转移的是使用权而不是所有权

绝大多数旅游产品和服务具有不可转移性，如酒店住房、景区景点等，只能供旅游者使用或参观，所以旅游者所购买的只能是旅游产品的使用权而不是所有权。并且，其中很多旅游产品都是多个人同时在使用的，也就是你在使用产品的时候别人也同样享有使用该产品的权利，因此，旅游产品的使用权是一种共同使用权，不具备所有权排他性的特点。

（二）旅游产品使用权与产品本体的转移不同时进行

通常情况下，旅游者按照所要购买旅游产品的价格预付款项，以购买特定旅游产品的使用权，然后营销渠道中间商才按照旅游者的要求分步购买旅游产品的本体。旅游产品消费不同于普通商品，普通商品可以在购买使用权的同时获得产品本体，而旅游产品的使用权购买和产品的取得并不是同时的。

（三）旅游产品本体的转移要以最终购买者的移动为前提

由于相当部分的旅游产品具有不可转移性和不可储存性，这就要求旅游者要按时移动到旅游目的地也就是产品所在地才能实现消费。如果旅游者不能在指定时间赶到指定地点，那么他所购买的旅游产品的使用价值也就随之消失。

（四）旅游产品的供给者并非是单一的

在营销渠道中旅游产品的供给者通常不止一个，而有多个。旅游产品是一个复杂的综合体，包括食、住、行、游、购、娱等各方面的一系列相关的产品和服务，因此旅游中间商或旅游者必须与多个供给者接触，或通过多条营销渠道去购买旅游产品和服务，这增加了旅游产品营销渠道的复杂性。

三、旅游产品营销渠道的作用

与旅游产品的其他优势一样，渠道上的优势同样也能成为企业核心竞争力的来源。旅游营销渠道也是一种资源。渠道对旅游企业的最大价值在于其网络优势，旅游产品借助于渠道可以顺利分销，实现它的价值。旅游企业要确立持续的竞争优势，过硬的产品和畅通的渠道缺一不可。渠道的重要作用具体体现在以下三个方面。

（一）促进旅游企业销售效率的提高

由于旅游消费者分布的地理范围十分广泛，而旅游企业又相对集中，单纯依靠旅游企业自身来营销并不现实，借助于旅游营销中间商则可以扩大旅游企业市场覆盖面，提高营销效率。旅游产品营销中间商有着丰富的关于旅游业的信息与知识，多年的业务经验又使得他们熟悉市场，再加上专业化和规模化的经营，旅游中间商能很好地解决旅游产品和消费者之间在时间和空间上的分离问题。

（二）推动旅游企业经济效益的增加

旅游中间商自身特有的服务功能能缩短旅游产品的营销时间，降低营销成本，节约营销费用，从而提高经济效益。如图 8-1(a)所示，3 个饭店采取直接营销形式为 3 个顾客服务，这需要 3×3＝9 次接洽才能达成交易；图 8-1(b)表示 3 个饭店共同使用一个中间商的营销渠道将产品和服务销售给 3 个顾客，在这种情况下，只需 3＋3＝6 次接洽就可达成交易。

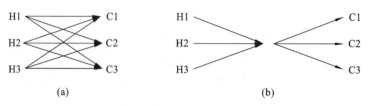

图 8-1 产品营销渠道示意图

(三)增加旅游企业市场信息的获取渠道

旅游中间商在与消费者长期接触的过程中,能够及时了解消费者真正的旅游需求,搜集消费者对产品的反馈意见,把握竞争对手的动态。这些有价值的市场信息会通过旅游中间商反馈给旅游企业,使企业能够及时实施有效的价格策略和促销手段,调整市场营销组合,完善产品,改进服务,提高自身竞争能力。

第二节 旅游产品营销渠道的类型

一、旅游产品营销渠道的类型

按不同标准,旅游产品的营销渠道可分为直接营销渠道和间接营销渠道、长渠道和短渠道、宽渠道和窄渠道、单渠道和多渠道等。

(一)直接营销渠道和间接营销渠道

旅游产品营销渠道可根据是否有旅游中间商,分为直接营销渠道和间接营销渠道。

1. 直接营销渠道

直接营销渠道是指旅游企业在市场营销活动中不通过任何一个旅游中间商,而直接把旅游产品营销给旅游者的营销渠道,如饭店直接在车站招徕顾客,即旅游企业——→旅游者。

直接营销渠道的优点有:①通过这种营销渠道,旅游企业直接与顾客交往,有利于提高旅游产品的质量,有利于树立或改善旅游企业的形象;②旅游企业可以在旅游产品直接销售量大和旅游者购买力较为稳定的情况下,省去旅游中间商的营销费用,从而以较低的成本获取较大的收益。例如,旅游酒店、旅行社等可以直接和旅游者交往从而销售其产品。

直接营销渠道的缺点为:在销售量小和不稳定的情况下,旅游产品的市场拓展不够,而且营销成本较高。

2. 间接营销渠道

间接营销渠道是指旅游企业通过旅游中间商向旅游者推销旅游产品的营销渠道。旅游中间商包括旅游代理商、旅游批发商、旅游零售商、商业服务单位(如广告公司、营销调研渠道、咨询公司等)、旅游经纪人等。

目前主要的旅游产品营销渠道方式是间接营销渠道。优点是渠道越长,旅游产品市场扩展的可能性就越大;缺点是渠道越长,旅游企业对旅游产品营销的控制能力和信息反馈的清晰度就越差,不利于旅游企业通过信息反馈提高旅游产品的质量和改善旅游企业的形象。

间接营销渠道按中间环节的多少和使用平行渠道的情况分为以下三种。

(1) 一级分销渠道。旅游企业与旅游者之间只有一个中间环节,如旅游产品生产者——旅游零售商——旅游者,即旅游产品生产者向旅游零售商支付佣金,而旅游零售商把旅游产品销售给旅游者。这种分销渠道仅适用于营销批量不大,地区狭窄或单一的旅游产品,它有利于降低旅游产品生产者的成本与开支,提高经济效益。目前,有很多旅游经销商、度假中心和酒店等采用这种营销方式。

(2) 多级分销渠道。旅游企业与旅游者之间有二级或二级以上的中间环节,如旅游产品生产者——旅游批发商——旅游零售商——旅游消费者,这种旅游分销渠道中,大型旅游批发商规模强大,技术力量雄厚,分销机构网点分布广泛,比旅游零售商具有明显优势。或者旅游产品生产者——旅游代理商——旅游批发商——旅游零售商——旅游者,这种旅游产品分销渠道增加了代理商,代理商的分销能力、控制地域及其忠诚程度,关系到这种旅游分销渠道的效果。在国际旅游产品营销中,这两种旅游产品分销渠道模式都运用得较为广泛。

(3) 多级多层分销渠道。这种旅游产品分销渠道十分繁杂,共分为五个层次、十二个中间环节,如图 8-2 所示。

图 8-2　多级多层分销渠道

A. 第一个层次:旅游企业——旅游代理商——旅游批发商——旅游零售商——旅游者。
B. 第二个层次:旅游企业——旅游批发商——旅游零售商——旅游者。
C. 第三个层次:旅游企业——旅游批发商——旅游者。
D. 第四个层次:旅游企业——旅游零售商——旅游者。
E. 第五个层次:旅游企业——旅游者。

使用这种旅游产品分销渠道,需要注意调整充实现有的分销渠道,根据需要慎重地选用新的旅游中间商;而且必须注意市场大小及结构分析,挑选一种或若干种分销渠道加以组合使用。

(二) 长渠道和短渠道

旅游产品从生产出来直至消费者购买所经历的各种中间环节的多少,即旅游渠道长度。整个过程的中间环节或中间层次越多,营销渠道就越长,就称为长渠道;反之,则称为短渠道。例如,旅游消费者直接到旅行社购买该旅行社提供的某城市一日游,这样的营销渠道就较短;如果旅游者在他常住的地方旅行社购买了去异地的三日游,该线路产品又是地方旅行社从旅行总社购买的,而旅行总社出售的该产品又是从旅游企业的旅游代理人那里购买的,即消费者购买的旅游产品经过了多层中间渠道,这样的营销渠道就较长。

(三) 宽渠道和窄渠道

渠道的宽度是指在组成营销渠道的每个层次或环节中,使用相同类型的旅游中间商的数量。同一层次或环节的旅游中间商越多,渠道就越宽;反之,渠道就越窄。有的大型旅行

社,如我国的国际旅行社、青年旅行社等,在全国各地都有分部,还有许多的零售代理商。专业性较强的或费用较高的旅游产品的营销,主要是通过窄渠道进行营销,因为这些旅游产品在市场上的营销面较窄,如攀登高原、雪山旅游等专项旅游产品宜采用窄渠道营销。一般的、大众性的旅游产品主要通过宽渠道进行营销,因为这样能够大量地接触旅游者,大批地销售旅游产品。

(四)单渠道和多渠道

单渠道是指所有旅游产品全部由旅游生产企业直接销售或全部交给批发商经销。而旅游企业根据不同层次或不同环节或旅游消费者的差异,采取不同的营销渠道策略,就是多渠道。当旅游企业经营的旅游产品较少或经营能力较弱时可以采取单渠道,反之则可以采取多渠道,以便更好地扩大产品的覆盖面,大量销售自己的旅游产品。

同步案例　　广西巴马凤凰乡广开渠道促进毛葡萄销售进万家

为积极响应国务院办公厅印发的《关于深入开展消费扶贫助力打赢脱贫攻坚战的指导意见》文件精神,2020年8月18日,广西河池市巴马瑶族自治县凤凰乡长和村组织开展"毛葡萄消费扶贫"活动。活动当天,来自巴马长寿老酒酒业有限公司、巴马女企业家商会、中国人民银行巴马分行的爱心人士到现场踊跃购买毛葡萄,以个人消费助力脱贫攻坚。记者走进凤凰乡长和村毛葡萄基地,看到毛葡萄已挂满枝头,长势喜人。"今年我们毛葡萄基地种植面积达100余亩,产量大概有10万斤。"凤凰乡乡长蒙振美说,凤凰乡长和村具有良好的地貌、气候优势,特别适宜种植毛葡萄,出产的毛葡萄浆果出汁率在60%以上,原花青素含量是一般葡萄的两倍。"今天,好多企业来到我们长和村,响应'消费扶贫'活动的号召,买了好多毛葡萄。"贫困户罗仁柒高兴地说。据了解,活动当天交易额达2万余元,同时,活动参与者借用朋友圈、微信群、QQ群等平台,发布毛葡萄扶贫产品信息,为消费扶贫拓宽了渠道,汇聚更为广泛的脱贫攻坚合力。

(资料来源:根据《巴马凤凰乡毛葡萄采摘暨消费扶贫启动:产量约10万斤,目前预售已启动》一文整理,http://www.bama.gov.cn/bmdt/t6001281.shtml。)

二、影响旅游产品营销渠道的因素

旅游企业在选择分销渠道时,会受到多种因素的影响和制约,旅游企业必须充分考虑到这些影响因素。

(一)旅游产品因素

产品因素是旅游企业进行营销渠道选择时应首先考虑的问题。旅游产品的性质、档次、种类等影响了渠道的选择。一般情况下,新的旅游产品、单价高的产品、复杂的产品应采取较短的营销渠道,较短的营销渠道更有利于企业促销;而需要高质量服务的旅游产品,就必须由具有高水平服务或设备的旅游中间商进行营销;旅游产品季节性越强,旅游企业自行组织营销系统就会越不经济,就越应该依靠旅游中间商来开展营销。旅游产品处于生命周期的不同阶段对营销渠道也有不同的要求,产品在导入期和衰退期,营销难度较大,宜采用"短"而"窄"的渠道;在成长期和成熟期,可采用"长"而"宽"的渠道。

(二)市场因素

由于旅游市场是多方力量的聚合,因而旅游市场因素较为复杂,一般包括旅游者因素、旅游中间商因素和竞争者因素。

1. 旅游者

旅游者对营销渠道的影响主要表现在消费面大小、消费者购买习惯、地区分布等方面。旅游产品消费面大的,要求能在市场上广泛分布,并且具有一定的区域延伸性的大众旅游产品,营销渠道就应该"长"而"宽",如观光、度假类旅游产品等;而对于探险旅游和各种专业考察旅游等,因消费面较窄,营销渠道就可以"短"而"窄"。旅游者的消费习惯对于营销渠道的选择也会产生很大影响;对于散客旅游,由于其购买频率较高、交易工作量大、对象复杂等因素,旅游企业可以采用旅游中间商开展营销活动;而对于团队旅游者,则可以采取较短的营销渠道。同时,旅游者的地区分布也会对营销渠道的选择产生影响,若旅游产品消费者比较集中,就可以采用"短"而"直接"的营销渠道,如周边游线路;而对于具有跨地区、跨国界影响的旅游产品,宜采用较"长"且"宽"的营销渠道,多选择旅游中间商。此外,潜在旅游者对于旅游营销渠道的选择也会产生影响;对于潜在旅游者较少的旅游产品,如会议旅游、教育旅游产品,可以考虑直接营销;而对于观光、度假旅游产品,则可以考虑利用中间商进行分销。

2. 旅游中间商

旅游中间商的性质、功能及其对于各种旅游产品的营销服务是旅游企业进行营销渠道选择的影响因素。如果旅游零售商的实力较强、经营规模较大、能提供优质的服务,旅游企业就可以考虑通过旅游零售商来销售旅游产品;反之,则通过旅游批发商进行分销。总之,对于旅游代理商的选择取决于其实力和经营能力。

3. 竞争者

竞争者的营销渠道对企业营销渠道的选择也有极大的影响。随着旅游市场的进一步开拓,旅游企业的竞争也随之加剧。旅游企业可以借鉴竞争者的营销渠道,利用竞争者已经成功使用的营销渠道,加以模仿,采用大致相同或相似的营销渠道,在同一营销渠道与竞争者的产品进行竞争;也可自己另辟蹊径,尽量避开竞争者已使用的营销渠道,开辟新的营销渠道。

(三)旅游企业自身的因素

旅游产品营销渠道的选择还要考虑旅游企业自身的因素,包括旅游企业的经营实力、管理能力、控制渠道的愿望和其他营销策略。

(1)经营实力。旅游企业的经营实力既包括有形资产也包括无形资产。旅游企业的规模越大、有形资产越雄厚,渠道选择的灵活性就越强;旅游企业的无形资产越大,企业形象和社会声誉越好、影响越大,挑选和利用各种有利的营销渠道的机会就越多。

（2）管理能力。如果旅游企业的管理能力较强，就可以自行组织营销系统，采取多级多层的分销渠道；而对于管理能力较弱的企业，主要依靠旅游中间商来开展营销。

（3）控制渠道的愿望。旅游企业为了有效地控制营销渠道，宁愿花费较高的营销费用，从而建立"短"而"窄"的渠道；而对于那些不迫切希望控制渠道的旅游企业，则可以采用"长"而"宽"的渠道。

（4）其他营销策略。旅游企业的产品策略、定价策略、促销策略、营销组合策略等都会影响到旅游营销渠道策略。

（四）环境因素

旅游是一项综合性很强的行业，各种社会政治、经济、自然等大环境都会对旅游企业的营销渠道选择产生影响。比如，当旅游产品地处交通便利的地区时，便可以采取较短的营销渠道；而地处偏远的旅游产品，因地理条件的限制只能采取较长的营销渠道。国家有关政策的出台，同样会对旅游产品分销渠道的选择产生重大影响。

（五）突发因素（不可抗拒因素）

选择旅游产品的分销渠道时，还应考虑到各种突发因素，包括各种不可抗拒的自然灾害和人为灾难，如 2020 年的新冠疫情对整个旅游行业的巨大影响，这些因素必定会影响分销渠道的时空分布，促使旅游企业和旅游目的地采用新的数字营销手段开辟新的营销渠道。

| 同步案例 | 疫情改变的旅游新形态：定制游上涨 4300% |

第三节　营销渠道的选择与调整

旅游产品营销渠道的选择与管理是旅游企业管理者必须考虑的重要问题。它关系到旅游企业能否建立科学高效而又相对稳定的营销渠道，能否减少建立和维持营销渠道的成本，以及能否保持与渠道成员之间的关系。

一、旅游产品营销渠道选择的原则

（一）经济原则

旅游供应商必须选择成本最小、利润最大的营销渠道，当然，还要坚持友谊为上，经济受益的总方针、总原则不变,并照顾到老客户的情况。

(二)高效原则

旅游供应商应选择畅通、快捷的营销渠道,以方便旅游者尽快、更好、尽早地购买旅游产品,加快旅游产品周转,提高效率。

(三)适度原则

旅游企业在选择营销渠道时不能只考虑渠道成本、费用及产品流程,还需要考虑营销渠道能否将产品销售出去,并保证一定的市场占有率。因此,单纯地追求营销渠道成本的降低可能导致销量下降,市场覆盖率不足,只有在规模效应的基础上追求成本节约的旅游市场营销才是可取的做法。当然,如果企业过度扩展分销网络,造成沟通和服务障碍,也会使得渠道难以控制和管理。

(四)可控原则

设计和建立旅游企业的营销渠道往往需要耗费大量的人力、财力、物力。在营销渠道基本确定之后,企业一般不希望轻易地对渠道做出调整,更改渠道成员,转换渠道模式,所以必须保持营销渠道的相对稳定,这样才能进一步提高营销的经济效益。但是,营销渠道由于受各种因素的影响难免会出现一些问题,这就需要营销渠道具有一定的调整功能和适应能力,以适应市场变化。

(五)共赢原则

营销渠道作为一个整体,有着共同的利益,但它需要每一个渠道成员的共同努力。在选择渠道商时,要对其态度、合作精神进行综合的分析、评价,选择良好的合作者。

同步案例　玉龙雪山景区的渠道创新

玉龙雪山,这座全球少有的城市雪山,既是丽江旅游的核心品牌也是云南少有的5A级景区。在营销渠道创新方面,走出了一条卓有成效的路。

在本地市场,主动联合相关机构,共建全市旅游营销联合体,实行丽江旅游目的地的共生式营销,强化对地接旅行社的影响力和主导力;在省内市场,跟其他景区建立契约式联合营销体系,比如跟昆明石林、大理三塔和楚雄恐龙谷景区结成"云南精品旅游线景区联盟"。

在外地市场,建立完善的旅游分销体系,在北京、上海、广州成立旅游办事处,与当地龙头旅行社合作,联合开展旅游促销。同时,与各种社会团体建立联系,适时推出针对细分市场的旅游产品。此外,深入中高档社区和大型企事业单位,开展社区营销和单位直销等。

在周边市场,与四川景区联合促销,与旅行社合作设计"丽江古城—玉龙雪山—三江并流""九寨沟—黄龙—都江堰—青城—玉龙雪山—丽江古城—三江并流"等线路产品。在媒体和渠道选择方面,重点聚焦于区域市场内的专业媒体和渠

道,锁定高端细分市场,选择时尚类杂志发布广告,并与专注于商务旅游的旅行社开展合作。此外,加强与香格里拉旅游区内的热点景区的联谊与合作,共同推出新的旅游线路,利用区域合作力量拓展市场。

通过以上介绍,我们可以看出,玉龙雪山景区的渠道拓展工作是建立在深入细致的市场调查分析基础上的。首先是细分目标客源市场及其旅游消费群体,其次是逐一分析每个客源市场的不同类型的游客群体的消费习惯和旅游偏好,然后再针对每个具体市场的不同情况,分别提炼宣传主题和品牌广告语,设计旅游产品和旅游线路,策划旅游文化和体育活动,从而有效实现营销目标。

(资料来源:根据《丽江玉龙雪山景区营销成功案例分析》一文整理,https://wenku.baidu.com/view/ef29ad830875f46527d3240c844769eae109a37d.html.)

问题:
1. 玉龙雪山的渠道设计体现出管理者怎样的经营智慧?
2. 请上网搜集资料,整理该景区又新增了哪些营销渠道?
3. 你对该景区的营销渠道开拓的建议是什么?

二、营销渠道选择的策略

旅游企业要做出关于营销渠道选择的方案,首先应明确渠道目标,之后,再选择企业所采用的渠道。企业在明确渠道目标时应回答以下问题:①旅游产品的种类有多少?旅游产品的数量与质量如何?②旅游目标市场在何处?旅游目标市场的需求情况如何?旅游目标市场的变化趋势如何?③旅游目标市场上旅游者购买旅游产品的情况如何?旅游者的购买动机和方式如何?④旅游目标市场结构如何?竞争态势如何?⑤进入旅游目标市场的策略是什么?⑥旅游企业的销售额和利润是多少?企业按照既定的渠道目标,如何对营销渠道进行选择?

(一)营销渠道长度策略

选择直接还是间接的营销渠道,在间接营销中是选择一级渠道还是二级渠道,或是更多环节的二级以上渠道,主要取决于产品特征和市场特征。但要注意的是,在企业资源和营销实力允许的条件下,企业应该选择最短的营销渠道。这样,除了能减少企业佣金的开支外,还能更好地为顾客提供产品和服务,有效获得各种营销工作的效果。消费者直接向厂商或一级代理商购买产品,由于中间层次的减少,消费者心理上觉得所购产品的性价比提高了,这些都是短渠道的优点。因此,即使是大型旅游企业在选择间接营销的同时,也非常重视自己零售网络的建设。

(二)营销渠道宽度策略

营销渠道宽度策略是指根据零售网点的数目及其地域的分布,选用中间商数目等营销渠道问题进行决策的方法。从市场情况来看,营销渠道宽度策略可分为密集性分销策略、选择性分销策略和独家分销策略。

1. 密集性分销策略(intensive distribution strategy)

密集性分销策略是指旅游企业对中间商的数量不加限制,为扩大产品销路,在同一渠道环节上通过尽可能多地使用中间商推销其产品的经营策略。当消费者分布集中,要求在当地能大量、方便地购买产品时,实行密集性营销策略就非常有效。它能方便顾客购买,但是企业往往无力控制渠道,与中间商的关系松散。例如,价格低廉的大众观光旅游产品一般奉行这一策略,面对广阔的目标市场广撒网,希望扩大销路,提高收益。

2. 选择性分销策略(selective distribution strategy)

选择性分销策略指旅游企业在一定的市场区域范围内选择少数几家中间商经销或代销自己的产品。该策略能使旅游企业更好地控制产品销售,通过有意识地选择旅游中间商,降低成本;旅游零售代理商则可以较长期地经销某产品,有利于增加销量。这种策略适用于价格较高、利润较大或是数量有限的旅游产品,目标市场有限,目标客源针对性强。往往是一些旅游产品供给者在最初投放产品时采用密集性策略,而当销路稳定、利润增长时改用选择性分销策略,逐步淘汰一些不称职的零售商,留存其精华,达到减少费用开支和保持旅游产品形象的目的。我国入境旅游市场的包价旅游产品基本上采用该策略进行营销。

3. 独家分销策略(exclusive distribution strategy)

独家分销策略是指旅游企业在某一地区只选择一家最符合要求的批发商或零售代理商来销售本企业的产品。这种独家经销会规定该地区其他中间商不得经销该种产品,而被指定的独家代理商也不得再经营别的同类竞争性产品。该策略易于控制价格,可以提高产品的市场形象和加强对旅游中间商的控制,并可防止竞争对手利用该渠道。一般适用于高档旅游产品,或生产商要对中间商实行大量的服务水平和服务售点的控制时采用。独家分销策略的缺点是难以选择理想的中间商,选择不当或客观条件变化时,生产商要受损失,而且不利于消费者的选择购买。

旅游企业的营销渠道并非是单一性的,有时可以多种渠道并存;同时,在产品生命周期的各个阶段,营销渠道也可能不一样。例如,在产品投入期采取密集性分销策略,可促使产品迅速进入市场;以后根据需要,逐步淘汰不理想的中间商,采用选择性分销策略或独家分销策略,以减少费用,增强对中间商的控制程度,提高产品的品牌形象。

三、旅游中间商的选择

旅游企业在采用间接营销渠道时,需要选择合适的渠道成员,才能顺利地利用中间商实现自己的营销目标。由于旅游市场中的中间商数量众多,规模、实力、经营特点各不相同,所以,在讨论挑选中间商的策略之前,我们先对旅游中间商的类型进行说明。

(一)旅游中间商的概念

凡是从事转售旅游供应商产品业务、具有法人资格的经济组织或个人都是旅游中间商。

(二)旅游中间商的分类

旅游中间商的划分可以有两种,一种是根据产品在销售渠道中流动时有无所有权的转移划分为旅游经销商和旅游代理商,另一种是根据销售对象划分为旅游批发商和旅游零售商。一般而言,旅游批发商多为经销商,独立经营的旅游零售商多为代理商。对于旅游企业

来说,了解有关旅游中间商的经营性质究竟是经销还是代理,对挑选合适的中间商具有重要意义。

1. 旅游经销商

旅游经销商是指在转售旅游企业产品过程中拥有产品"所有权"的旅游中间商。旅行社行业中经营组团业务的旅游批发商和旅游经营商都属于此类经销商。他们通过预付订金,批量订购航空公司、酒店以及其他类型旅游供应的单项旅游产品,并将其组合为包价旅游产品,由于已经支付了订金,因此在预订期内拥有这些单项产品的控制权。如果实际组团人数未达到这些单向产品的订购量,预先支付的订金将无法完全收回。旅游经销商的利润来自对旅游生产企业产品买进与卖出之间的差价。旅游经销商与旅游产品的生产企业共同承担市场风险,其经营业绩的好坏直接影响到旅游生产企业经济效益的高低。

2. 旅游代理商

旅游代理商是指那些只接受旅游产品生产者或供应商的委托,在某一地区内代理销售其产品的中间商,代理商的收入主要来自委托方支付的佣金。

3. 旅游批发商

旅游批发商是指从事批发业务的旅行社或旅游公司,是连接生产者与零售商或最终消费者的桥梁。其主要业务包括:①组合设计包价旅游产品;②包价旅游产品销售与推广;③销售渠道的组织管理。

首先,旅游批发商会将航空公司或其他交通运输企业的产品与旅游目的地旅游企业如酒店、景区等的地面服务组合成整体性的旅游产品/包价旅游线路,以便满足消费者一次全程旅游活动中对各项旅游服务的需要。其次,将这些包价旅游产品批发给旅游零售商,由零售商最终出售给旅游消费者。最后,旅游批发商在产品销售渠道中起到沟通旅游供应商,联系旅游零售商的组织管理作用,有助于旅游供应商节省其产品销售网点的维护费用。

4. 旅游零售商

旅游零售商是直接面向消费者经营旅游零售业务的中间商,其主要业务包括为消费者提供旅游咨询、销售各类包价旅游产品、销售单项旅游产品、代办旅游证件等。

(三)旅游中间商的选择

旅游生产企业必须详细了解可能合作的中间商的有关信息以便选出合适的旅游中间商,其主要参考指标有下列几个:①该中间商的经营范围和形象是否与本企业目标相一致;②中间商的营销能力;③中间商的经营实力和资信状况。

据美国旅游局的统计,美国50%的出国旅游者集中在加利福尼亚、纽约、新泽西、佛罗里达、得克萨斯和伊利诺伊六个地区。日本的出国旅游者相对集中在东京都、京阪神和东海三大城市圈,比例高达68%。在德国,北威州的杜塞尔多夫、多特蒙德等城市,巴伐利亚州的省府慕尼黑和斯图加特,以及北部的汉诺威、不来梅等都是出国旅游较集中的地带。英国出国旅游者的13%来自伦敦,27%来自英格兰东南部,12%来自英格兰西北部,亦即英格兰占旅游总量的52%。

因此,旅游营销者在对拟选用的旅游中间商进行质量评估时需要考虑以下因素。

1. 目标市场

无论是经销商自己的目标市场,还是代理商的目标市场都必须与旅游生产企业的目标市场一致。

2. 经营地点

经销商或代理商的营业地点在地理位置上应接近客源相对集中的地区。

3. 经营规模

旅游中间商的经营规模大小往往意味着其销售网点的多少,因此,作为旅游生产商应该挑选经营规模较大的旅游中间商。

4. 营销实力

营销实力涉及中间商的历年销售指标完成情况和利润大小、服务质量、销售速度、宣传推广等方面,旅游营销者在进行这些方面的评估时,可以多方面搜集资料,进行评估。

5. 偿付能力和信誉

旅游营销者可以通过专业机构了解旅游经销商是否具备可靠的偿付能力和履约信用,以避免风险。

6. 渠道维护费

建立和维持与中间商的合作关系,比如代理商的佣金,企业需要支付多少费用? 企业能否负担? 旅游营销者应该考虑投入与产出是否平衡的问题。

7. 合作意愿

旅游供应商和旅游中间商之间的合作是双向选择的结果,只有双方均有合作诚意,且合作意愿较强时,合作更容易达成。如果中间商只是看到企业给的优惠条件,合作很难达到预期,如果中间商是竞争对手的忠实成员,那基本不用考虑合作。

总之,对于旅游企业来说,只要选择了间接营销渠道就必须认真对待选择中间商这一重要议题,这不仅需要有战略眼光还需要有务实精神,对于企业的经营发展至关重要。

四、旅游产品营销渠道的调整

在渠道确定后,企业还要对渠道进行管理。只有加强营销渠道的管理,才能达到营销渠道的目标,实现企业的整体营销目标。营销渠道管理,主要是指对间接营销渠道中的成员的管理,即对旅游中间商的调整与管理。渠道管理主要包括协调渠道成员利益冲突、激励渠道成员、评估渠道成员、调整渠道成员等内容。

(一)协调渠道成员利益冲突

由于旅游中间商本身是独立的经营实体,他们对自身利益的重视可想而知。而客观上,在旅游企业与中间商之间,中间商成员之间存在着许多矛盾,通常表现为同一层次成员之间的横向矛盾(如批发商和批发商之间的矛盾)和不同层次成员之间的纵向矛盾(如生产商和批发商之间的矛盾、批发商和零售商之间的矛盾)。冲突是难免的,但对冲突要顺势化解。由于他们都有追求利益的共同目标,渠道组织者就围绕这个中心设计利益获取规则,从而协调各成员之间的关系,相互促进渗透,帮助形成以渠道为纽带的共同价值观。对立性的冲突,企业则应当进行有效的制止和根除。

(二)激励渠道成员

激励渠道成员,调动他们的积极性,使之具有良好的表现,是渠道管理的重要任务。旅游中间商是独立经营者,为了实现自身目标,其会采取一些措施。当旅游生产者满足了中间商的要求时,其会积极扮演好产品销售和顾客购买代理的双重角色;当生产者不能满足中间商的要求时,其会转向销售其他生产商的商品。一般来说,旅游生产商激励渠道成员的方式有三种,即合作、合伙和分销规划。合作是指当中间商比较依赖生产商时,生产商往往会采用较高的利润、特殊优惠等正面激励和减少提供服务、终止双方关系等消极制裁措施相结合的办法。合伙是指旅游生产商致力于和中间商建立长期的合伙关系,他们会共同从市场覆盖面、市场开发、产品供应、技术支持、市场信息等方面考虑营销渠道。分销规划是旅游生产商和中间商之间最先进的联系方法,旨在建立一个有计划的、专业管理的纵向营销系统,把二者的需要有机地结合起来。

(三)评估渠道成员

评估渠道成员指旅游企业根据自己的营销目标,对旅游中间商的工作绩效进行检查与评估,对旅游企业做出重大贡献的旅游中间商予以奖励;对绩效一般或低于企业要求的旅游中间商,要找出原因予以补救;对绩效特别差的旅游中间商予以剔除,以保证渠道的效能。对旅游中间商进行评价的内容主要有以下六个方面:第一,旅游中间商的营销情况,如完成的销售量占旅游企业旅游产品销售量的比重、实现的利润额和费用等情况;第二,旅游中间商为旅游企业推销旅游产品的积极性,如对旅游企业产品的宣传推广情况;第三,旅游中间商为竞争对手销售的情况;第四,旅游中间商对旅游者的服务水平,如客人的投诉率;第五,旅游中间商与其他旅游中间商的关系、配合程度等;第六,旅游中间商的整体知名度和美誉度。具体评估的方法根据旅游企业的情况灵活应用。

下面以酒店为例,酒店评估客户不是简单地从预订数量的多少来判断,而应考虑其预订的质量,给酒店带来的实际利益,从中找出最关键的客户和关键潜在客户。关键客户是酒店所确定的主要预订组织和个人,是营销渠道管理的重点,而关键潜在客户则是具有潜力的主要客户,其预订数量和质量仅次于关键客户。

(四)调整渠道成员

渠道的建成仅是迈向消费者的第一步。随着市场容量、消费者需求和产品寿命周期的变化,旅游企业需要动态地进行调整,重新选择目标市场、细分市场与产品再定位,适当进行中间商的增减,整合优化配置与渠道创新等。

1. 调整渠道长度

效率低下,分销不力,对渠道整体运作有较大影响的旅游中间商应该剔除,如有必要可另选合适的中间商加入。当旅游企业产品市场扩大,而旅游中间商营销范围变化不大时,就可以延长渠道,即增加中间商的数量;如果旅游中间商的覆盖面增加了,反而可以缩短渠道,减少中间商。

2. 调整渠道宽度

旅游产品生产商在发现现有的渠道过窄,不能使产品有效抵达目标市场而影响了产品的销路时,则应拓宽渠道,即增加同一层次的中间商数量;反之,则应缩小渠道宽度。

3. 调整整个渠道结构

渠道是为营销服务的,当旅游企业原有的渠道产生严重矛盾冲突或不能满足市场需要时,或旅游企业调整战略目标使营销组合发生重大变化时,就需要对渠道进行重新设计和组建。实际上,由于市场竞争激烈,生产者往往通过多种渠道模式将相同的产品送到不同的市场。

实训项目

某新开张的温泉度假酒店,集温泉、休闲、度假、会务于一体。作为酒店的营销人员,你该建立怎样的销售渠道体系?

任务:1. 网络搜集、现场访谈,整理酒店销售渠道的相关资料。

2. 小组讨论,制定出适合该酒店的销售渠道体系。

本章小结

本章对旅游产品营销渠道及营销渠道类型进行了介绍。旅游产品营销渠道包括营销渠道的概念、特点、作用、类型,营销渠道的主要影响因素,渠道的选择与调整等问题。旅游产品营销渠道的类型包括直接营销渠道和间接营销渠道、长渠道和短渠道、宽渠道和窄渠道、单渠道和多渠道等。旅游产品营销渠道选择的策略有长度策略和宽度策略,以及旅游中间商选择。对旅游产品营销渠道的调整,可采用调整渠道长度、调整渠道宽度、调整整个渠道结构三种方式。

关键概念

营销渠道(marketing channel)　　直接营销渠道(direct marketing channel)
长渠道(long channel)　　短渠道(short channel)
密集性营销(intensive distribution)　　选择分销(selective distribution)
独家分销(exclusive distribution)　　旅游中间商(travel agency)
旅游代理商(travel agent)　　渠道冲突(channel conflict)

复习思考

1. 旅游产品营销渠道的概念是什么?
2. 旅游产品营销渠道的作用有哪些?
3. 旅游产品营销渠道的类型有哪些?
4. 直接营销渠道和间接营销渠道的优缺点分别是什么?
5. 企业在选择营销渠道时应考虑的因素有哪些?
6. 运用相关旅游产品营销渠道的知识分析企业应如何开展营销渠道的管理。

案例分析

《印象丽江》实景演出成功探秘

产品设计与营销

玉龙雪山,这座全球少有的城市雪山,是丽江旅游的核心品牌。玉龙雪山景区在2007年成为全国首批66家5A级景区之一,升级后的第一个动作是整合周边六个景区的经营权,做大丽江旅游核心品牌景区。

从营销角度看,玉龙雪山的这种做法,本质上是一种品牌扩展策略。所谓品牌扩展,是指景区在成功创立了一个高品质的知名品牌后,将这一品牌覆盖到其他景区产品,形成共同拥有一个家族品牌的旅游产品集群。为此,玉龙景区特邀张艺谋导演及其创作团队以丽江山水实景演出大型舞台剧《印象丽江》捆绑"玉龙景区"品牌。

大型山水实景演出《印象丽江》自2004年3月20日正式公演之后,引起了巨大轰动。根据玉龙雪山景区的统计,《印象丽江》自2006年7月23日公演以来,2007年接待观众23.64万人,2008年接待观众60万人,2009年接待观众140万人,全年演出927场,每天演出3—4场,门票收入超过1.5亿元,净利润7300万元。《印象丽江》为什么能取得这样优异的市场业绩呢?就节目本身而言,主要是三个结合:丽江品牌与张艺谋品牌的结合、民间生活元素与实景演出艺术的结合、少数民族文化与雪山特殊环境的结合。

产品价格营销

第一,价格策略,即如何制定门票价格政策。既要调动旅行社的积极性,又不能让利太多而减少演出收益?对此,《印象丽江》独辟蹊径,采取了一种超强势的也是非均衡的门票价格政策。其基本思路是"抓大放小",门票优惠政策和销售奖励措施向战略合作旅行社大幅度倾斜。比如,大型地接社全年团队人数超过5万人,就能享受逐级累进的门票优惠和销售奖励;中小旅行社全年团队人数低于5万人,就很少或不能享受门票优惠。这种把鸡蛋放在少数几个篮子里的做法,看似具有很大的市场风险,但却促进了《印象丽江》的市场成功。

　　第二,渠道控制,即如何选择渠道分销模式。《印象丽江》在市场营销过程中,渠道模式是"有选择的分销"。所谓"有选择的",是指景区并不针对所有旅行社实行分销,而是抓住旅游分销链上的某些关键环节,跟少数旅游代理商合作,逐步建立多层次的分销渠道。景区之所以这样做,是为了改变旅游市场的游戏规则,加强对客源市场的营销控制力。玉龙雪山景区的这种做法,并不是为了建立垂直分销的渠道体系,而是为了抓住旅游分销链上的关键环节,加强对客源市场的营销控制。限于国内旅游市场的发展水平,景区目前还不具备建立垂直分销渠道系统的企业能力和市场条件。事实上,玉龙雪山景区也没有放弃水平分销的传统模式,但对原有的渠道模式做了修正,收窄了分销渠道的水平宽度,减少了代理商数量和分销层次,并通过直接促销客源地市场,开展与大型组团社和地接社的战略合作,加强了景区对旅游分销链的营销控制,进而延伸了渠道分销的纵向深度,使之具有了垂直分销的某些形态特征。

　　(资料来源:根据《玉龙雪山与"印象丽江"情缘》一文整理,https://www.sohu.com/a/284012667_99895807.)

问题

1. 《印象丽江》营销策略的创新之处体现在哪些方面?
2. 《印象丽江》如何进行营销渠道的管理?

第九章

旅游促销策略

学习目标

掌握旅游产品促销的概念和作用;掌握旅游产品促销组合策略及其影响因素;了解旅游广告的含义和作用;了解旅游营销人员推销的特点;了解营业推广的具体操作方式;了解公共关系的内容与类型,熟悉各种促销组合方式的实施步骤,能够制订促销计划并对促销效果进行测评。

案例引导 长隆欢乐万圣节:"关你鬼事"整合传播

作为长隆欢乐世界主题园区的保留项目,长隆欢乐万圣节已经举办了八届。环旅现场,长隆工作人员分享的就是2018年品牌的万圣节项目。2018年,以"关你鬼事"为传播主题,长隆欢乐万圣节自创了长隆五大鬼王IP,并为此拍摄了广告片,录制了一支粤语rap单曲,制作了H5和二次元漫画。

其中广告片又由五个独立的小故事组成,主要梗概可以理解为每当男主人公要做出破坏社会纪律的事情时,鬼王就会现身,以戏剧化夸张处理的方式劝阻主人公,创意灵感来自旅游区提倡文明出游的要求。片中虽然出现了丧尸、亡灵等恐怖角色,但却为他们安排了一个社会不文明行为监督者的角色,恐怖氛围携带者与社会纪律监督者形象同时出现带来的反差感给片子增加了几分趣味性。

根据长隆工作人员现场介绍以及品牌参与金鼠标数字营销大赛时提交的资料来看,在长隆欢乐万圣节已经连续举办了7年之后,品牌在万圣节活动上逐渐摸索出了自己的思路,但随着万圣节知名度的不断提升,各大商家纷纷举办起各种万圣主题活动,导致同质化严重,在一定程度上分散了目标消费者的注意力,并影响了消费者对长隆欢乐万圣节的关注度。因此,此案例中长隆欢乐万圣节的目标是持续强化用户认可度,与竞品形成区隔性差异,并打造品牌独特标识。

核心创意及传播主题

在本案例中,长隆找到的核心解决方案是打造专属长隆的鬼王 IP。结合园区以及市场分析,长隆希望以故事 IP 化,构建长隆欢乐万圣节世界观,赋予人设、故事以及符号。

另外,根据长隆工作人员的介绍,项目传播主题"关你鬼事"有两层意思,第一层是与你相关的鬼事;第二层就是在广东粤语地区生活的一个话术,指"关你什么事",希望结合年轻人比较个性、比较拽的态度,用"关你鬼事"进行传播。

传播思路

基于过往调查,长隆万圣节的受众 85% 都是年轻人"90 后"、"00 后",因此,在内容创作上,长隆采用了较为年轻化、社交化的方式演绎。同时,在内容传播上,长隆也做了一些尝试,比如,投放地铁、多媒体视频网络平台广告,借势影视热点和话题热点,邀请华南地区的 KOL 合作"午夜追鬼敢死队"综艺式直播,以及全民抱走大南瓜的狂欢活动。

(资料来源:根据《长隆欢乐万圣节:"关你鬼事"整合传播》一文整理,https://socialbeta.com/t/104754。)

问题:

长隆欢乐万圣节:"关你鬼事"整合传播的成功之处体现在哪些方面?

第一节　认识旅游促销

一、旅游促销的概念

促销是促进产品销售的简称,是指一个组织或企业通过各种方式,将自身产品或劳务信息传递给目标顾客,从而引发消费者购买兴趣,促进购买的一系列活动。就其在旅游行业中的应用而言,旅游促销是指旅游目的地或旅游企业利用各种有效的方式,传播沟通旅游目的地、旅游企业及旅游产品的信息给消费者,从而引发、刺激消费者的购买欲望,最终使其产生购买行为的活动。旅游促销的实质是旅游企业与旅游消费者之间的信息传播沟通,通过这种沟通,消费者最终认可了企业的产品,而企业则营销了产品。

广告和销售促进

二、旅游促销的作用

促销活动对旅游企业而言有以下三个方面的作用。

(一)沟通信息的作用

旅游企业在何时、何地和何种条件下,向何种消费者提供何种旅游产品,显然是旅游产品促销活动所要传递的基本信息。在现代市场经济生活中,无论旅游产品在正式进入市场

之前或之后，旅游企业都需及时向旅游者提供旅游资源信息。由于旅游产品具有异地性和无形性的特点，旅游者在消费旅游产品之前往往无法确定旅游产品质量，因此旅游者在很大程度上是通过市场信息来了解旅游企业产品的质量。由于旅游产品的信息往往掌握在旅游企业手中，因此旅游企业在营销旅游产品时，应采用各种方式、方法，及时地向旅游者传递旅游信息，让更多的旅游者知道、了解旅游产品，促使其在选择旅游产品购买目标时，将本企业的旅游产品作为选择对象之一，避免因旅游信息不对称造成误导。

（二）突出产品特点、诱发消费者消费的作用

在激烈竞争的市场环境下，消费者或用户往往难以辨别或觉察许多同类旅游产品的细微差别。旅游企业通过促销活动，宣传本企业产品与竞争企业产品的不同特点以及能给消费者或用户带来的特殊利益，激发他们购买本企业产品的欲望。促销活动不仅能诱发需求，还能使消费者或用户充分了解产品的特性，促进他们购买，或帮助企业进行宣传，扩大市场需求。

（三）树立旅游企业形象和信誉、利于竞争的作用

由于旅游是一种高层次的消费与审美活动，通过生动而有说服力的旅游促销活动，可以塑造良好的旅游服务形象，赢得更多的潜在旅游者的喜爱，从而稳定和扩大市场份额。

三、促销组合

促销组合是一个组织或企业对开展促销活动所使用的各种手段和工具的总称，旅游营销者开展促销活动常用的工具既包括传统的广告、人员推销、营业推广、公共关系、展销会、营销辅助物如服务指南、小册子、影片等，也包括微博、微信及以抖音为代表的新媒体形式。

实训项目

影视剧的热播可以带动旅游地的发展，如广西大新县明仕田园景区在仙侠剧《花千骨》中作为外景拍摄地，随着电视的热播引发国内游客的追捧，并一度成为国内自驾游的热门旅游地。悠闲地坐着竹排，观赏两岸秀丽的南国山水风光，打卡花好月圆的九曲桥、花千骨小屋都成为粉丝的最爱。

任务：学生以小组为单位，通过网络搜集明仕田园景区的促销资料，分析其成功促销的方案。小组制作PPT，进行汇报，每组3—5分钟。

第二节　旅游促销的方式

一、广告

（一）广告的定义

广告即广而告之，是指广告主通过付费的方式购买社会媒体的版面或播出时段，面向目

标受众宣传观念、产品或服务的信息传播活动。在旅游行业中播出的广告是旅游目的地或旅游企业通过各类传播媒介向目标消费者介绍旅游产品/服务的宣传活动。

（二）广告的类型

根据不同的研究目的和划分标准，广告可以被划分为以下常见类型。

1. 根据广告使用的媒介划分

根据广告使用的媒介划分可以分为报纸广告、杂志广告、电视广告、广播广告、电影广告、网络广告、车体广告、包装广告、直邮广告、门票广告、餐盒广告等。

2. 根据广告的目的划分

根据广告的目的划分可以分为告知型广告、劝说型广告、提醒型广告三种类型。其中告知型广告常见于产品生命周期的引入阶段，旨在告诉市场新品上市，为产品创造最初的需求。劝说型广告主要用于产品生命周期的成长期，旨在让消费者相信本企业产品与市场上其他品牌产品不同，突出自身优势。提醒型广告主要用于产品生命周期的成长阶段后期和整个衰退期，目的是保持顾客对产品的记忆，提醒消费者记住这些产品，使产品保持较高的知名度。

3. 根据广告的内容划分

根据广告的内容划分可以分为产品广告、品牌广告、观念广告、公益广告等。

（三）广告活动基本流程

1. 确定广告的目标受众

旅游企业或旅游目的地需要根据所推介产品的性质、特点，确定广告面向的目标市场范围、人员的构成，以使广告能够有的放矢，取得预期效果。

2. 设计广告的主题

广告主题是贯穿于广告作品中的主线，要求鲜明、突出、诉求有力、针对性强。旅游营销者要对拟定的广告主题进行审核，以明确广告主题是否清晰、诉求重点是否突出、与目标消费者的关注点是否一致等问题。

3. 选择合适的广告媒介

如何选择广告的媒介呢？选择广告媒介首先要洞察各类广告媒介背后的受众，这些目标受众有怎样的媒介阅读习惯？作为营销人员你所推介产品的目标受众是谁？他们习惯阅读或接收哪些媒介传递的信息？其次，要考虑这些媒体的广告覆盖面。广告覆盖面是指广告的目标受众在媒体的受众人口中所占的比重（广告覆盖面＝广告的目标受众÷媒体的受众规模）。以报纸为例，广告覆盖面可以解释报纸在广告目标受众人群中的发行量，而不是报纸的发行量。显然，广告覆盖面越大，该媒体就越可取。反之，该媒体不适合作为广告媒体。再次，对各类传播媒介的效用进行评价。各类广告媒介收费标准不同，其受众质量也有差异，因此，旅游营销者需要考虑成本与传播效果的投入产出平衡。最后，作为选择广告媒体的基础，旅游营销者需要了解各类广告媒体的主要优缺点，如表9-1所示，以便选择合适的广告媒介。

表 9-1　部分广告媒体的优缺点比较

媒体类型	优　点	缺　点
广播	成本低,灵活性高,时效性强,目标市场选择性强	缺乏视觉吸引力,听众记忆起来相对困难
电视	视听效果好,图文并茂有感染力;目标市场针对性较强,传播面广	总制作成本高,播出时间短,噪声干扰大
报纸	总成本和人均成本较低,传播面广,时效性强,可反复查阅	视觉质量不高,表现力较弱,内容较杂,目标市场选择度较低
杂志	读者的选择性较强,目标市场选择性较高;视觉质量较好,保存时间长,可大量传阅,噪声干扰度低	出版周期较长,灵活度较低,发行量小
新媒体	互动性强,趣味性强,目标市场选择性强,不受时空限制,发布形式多样,信息传播及时,制作成本较低	需要有网络及移动设备,信息繁杂,须甄别真伪

4. 确定广告发布的时间

广告发布的时间安排主要解决两个问题:一是广告发布时间,即何时实施广告;二是广告发布周期,即实施广告的频率。一般来说,旅游企业或旅游目的地要根据目标市场的预订时间、出游时间以及自身产品的情况提前发布广告。比如对于国庆、春节这样的黄金周期间的国内长线出游,大多数旅游者会提前 1—2 个月安排行程,预订机票、酒店、门票等产品,如果是出境游则需要准备的时间更长,因此旅游企业或旅游目的地的广告就需要在消费者进行信息搜寻、比价阶段发布,如国庆节的产品广告在 7 月发布较适宜,如果到了 9 月中旬才推出,大多数旅游者已经预订完毕,就不会取得预期的效果。而对于短途旅游,城市周边游旅游产品其广告发布时间可以提前 1 个月左右发布,以让消费者有时间酝酿,做好随时周末游的准备。

广告的发布频率可以采用持续式播出/刊发,即在某一特定时期内,均衡地安排广告播出/刊发的时间。也可以采用密集式播出/刊发,即在某一特定时期内,分几段时间对广告密集播出/刊发。

5. 制定广告预算

广告预算是企业对广告活动所需经费总额及其使用范围、分配方法的策划。广告所有活动的实施,要以广告预算来支持。多数企业是依据广告预算来制定广告策略的,即有多少广告费用投入,决定进行多大规模的广告活动。旅游广告预算主要包括市场调研费、广告设计费、广告制作费、广告媒介使用租金、广告机构办公费与人员工资等项目。

常见的广告预算制定方法有销售额百分比法、销售单位法、目标达成法、竞争对抗法、支出可能法和任意增减法等,以下介绍前面 4 种。

(1) 销售额百分比法。

销售额百分比法是以一定期限内的销售额的一定比率计算出广告费总额。

(2) 销售单位法。

销售单位法是以每件产品的广告费分摊来计算广告预算的方法。该方法以计划销售数为基数计算,简单方便,公式如下:

广告预算=(上年广告费÷上年产品销售数量)×本年产品计划销售数量

(3) 目标达成法。

这种方法是根据企业的市场战略和销售目标,具体确立广告的目标,根据广告目标要求所需要采取的广告战略,制订出广告计划,再进行广告预算,公式如下:

广告费=目标人次×平均每人次广告到达费用×广告次数

(4) 竞争对抗法。

这种方法是根据竞争对手的广告费开支来确定本企业的广告预算,根据市场占有率计算如下:

广告预算=(对手广告费用÷对手市场占有率)×本企业预期市场占有率

6. 评价广告效果

评价广告效果的方法有两种:一是测量广告带来的销售效果,即根据广告播出之前和广告播出之后产品销量的变化来评价广告效果;二是测量广告的传播沟通效果。广告的沟通效果主要是判断广告活动是否有效传播了广告信息,实现了有效沟通。具体的测评方法又分为预先测评和事后测评两种。

(1) 广告预先测评。

广告预先测评是在广告正式投放之前的测评,主要有三种。

①直接评分。由一组目标消费者或广告专家来观看即将投放的广告,由他们填写评分问卷,对广告做出评定。

②组合测试。由目标消费者观看广告后,让其回忆所看广告的内容,用以判断广告的突出性和易记程度。

③实验室测试。利用各种测量仪器来测试目标消费者对广告的反应。这些反应多为生理反应,只能测量广告的吸引力,无法测出被测试者对广告的信任和态度。

(2) 广告事后测评。

广告事后测评是在广告正式投放以后的测评,主要有两种方法。

①回忆测试。要求被调查者尽可能回忆所看到的广告,调查人员通过被调查者的回忆情况,如有多少人能够记得起广告,对产品信息的记忆程度如何,进行记录和分析,判断该广告被人们注意的程度和容易识记的程度。

②识别测试。调查人员以某一媒体的受众作为调查对象,通过了解和统计曾在该媒体上注意到某广告的人数所占的百分比,以及在不同程度上记得该广告的人数百分比,据此判断该广告在目标人群中的影响度。

实训项目

学生以小组为单位,网络搜集本省/市或某一旅游企业的旅游宣传广告语、宣传片、促销方案,分析比较这些不同宣传品的优势、劣势,并提出优化建议。

二、人员推销

（一）人员推销的概念

人员推销是旅游企业通过推销人员与旅游消费者的当面交谈来传递信息，说服消费者购买的一种营销活动。在沟通过程中，人员推销在建立消费者对产品的偏好、增强信任感及促成行为方面卓有成效。因为是面对面的交谈，推销人员可以与消费者进行双向式的沟通，保持密切联系，可以对消费者的意见做出及时的反应，并直接促成产品销售。

人员推销与公共关系

（二）人员推销的方式

旅游行业人员推销的方式主要有三种。

1. 上门推销

旅游业中的酒店和会议中心等旅游企业使用最多的就是上门推销，推销人员会事先选定目标客户，选择合适时间登门拜访，面对面向客户推介本企业的产品和服务。

2. 会展推销

这种方式多为旅游目的地或大型旅游企业所采用。就国内而言，中国国际旅游交易会是亚太地区影响广泛的旅游交易会，一年一届，从2001年起，每年分别在上海和昆明交替举办。自2015年起，每年在广西桂林举办中国-东盟博览会旅游专题展，并邀请东盟十国旅游主管部门参展参会并轮流出任主宾国。该展成为打造中国与东盟旅游合作交流的国际性知名展会，搭建了具有区域特色、面向全球开放的旅游合作平台。

同步案例　　桂西南大德天旅游联盟联合会展营销

广西合那高速公路被英国《卫报》称为世界最美高速，国内"驴友"则称其为"中国仙境第一路"。这条高速从合浦县到那坡县，共500多公里，在山水画廊中蜿蜒穿梭，沿途保留着众多原生态的景象，与湛蓝的天空、山川构成了一幅壮美的画卷。

大新、靖西路段，这条最美高速就像一根丝线，把周边许许多多的景点像珍珠一样串起来，熠熠生辉。如今，这些珍珠以声名远播的5A级景区——德天跨国瀑布景区为龙头，抱团形成桂西南大德天旅游联盟，共赴文旅之约。

2020年1月8日，桂西南大德天旅游联盟十家成员单位以"融合发展·'营'创未来"为主题的2020年信息发布会在广西南宁举行。德天跨国瀑布景区作为本次活动的主办方，联合宁明花山岩画景区、八桂壮王城、明仕田园景区、德天老木棉酒店、安平仙河景区、《花山》实景演出、古龙山大峡谷景区、通灵大峡谷景区、广西龙虎山景区共同协办，向社会各界分享桂西南大德天旅游营销联盟2019年的累累硕果，发布2020年产品信息及营销举措。

德天跨国瀑布景区营销总监代表桂西南大德天旅游联盟首次发布了《2020年桂西南大德天旅游营销联盟（七家景区）旅游专列/包列/包机奖励办法》。该奖励办法的出台标志着桂西南大德天旅游联盟抱团取暖、联合推广及市场共建新模式的开启。这既是桂西南大德天旅游目的地史无前例的整合营销事件,也是区域联盟正式走向市场的品牌联合转变,通过以奖代补开展大型旅游专列、包列、包机撬动市场,推动中远程市场的拓客能力和市场核心竞争力的提升。

(资料来源:根据《桂西南大德天旅游联盟扬帆启航》一文整理,https://baijiahao.baidu.com/s?id=1655664733636022128&wfr=spider&for=pc.)

3. 电话推销

电话推销也是旅游业中使用较多的一种人员推销方式,即通过电话与目标客户沟通,介绍旅游产品或服务信息。

(三)人员推销的基本步骤

一般来说,旅游业销售人员开展人员推销有以下七个步骤。

1. 寻找顾客

旅游人员推销过程的第一步就是要寻找顾客,寻找顾客的方法较多,包括现有顾客介绍,通过有关机构/企业名录、媒体报道、会议资料等寻找。

2. 事前准备工作

旅游营销人员在推销之前必须进行充分的准备,包括尽可能地了解目标顾客的情况和要求,确立具体的工作目标,选择接近的方式,拟定推销时间和线路安排,预测推销中可能产生的一切问题,准备好推销材料,如景区景点及设施的图片、模型、说明材料、价目表、包价旅游产品介绍材料等。在准备就绪后,营销人员需要与顾客进行事先约见,用电话、信函等形式向访问对象讲明访问的事由、时间、地点等约见内容。

3. 接近顾客

旅游营销人员经过充分准备和约见,就要与目标顾客进行接洽。根据掌握的顾客材料结合实际情况,灵活运用各种接近技巧,如介绍接近、产品接近、利益接近、好奇接近、问题接近等方法,引起目标顾客对所推销旅游产品的注意,引发和维持他们对访问的兴趣,并引导顾客进入面谈,达到接近顾客的最终目的。

4. 推销面谈

面谈阶段,营销人员需要利用各种面谈方法和技巧,向顾客传递旅游企业及产品信息,促使顾客产生购买欲望,说服顾客采取购买行动。

5. 处理异议

面谈过程中,顾客往往会提出各种各样的购买异议,销售人员应先让对方完整表达看法,了解顾客异议的原因,积极设法使对方转变认识,尽一切可能将对方的否定意见转变为认可,最终说服顾客,促成交易。

6. 达成交易

成交是面谈的继续,也是整个推销工作的最终目标。一个优秀的营销人员,要密切注意成交信号,善于培养正确的成交态度,消除成交的心理障碍,谨慎对待顾客的否定回答,把握好成交机会,灵活机动,及时请对方签署订购协议。

7. 后续工作

签署协议后,营销人员应按照协议规定履约,安排各项具体工作,做好顾客服务工作。营销人员还应与顾客保持良好的关系,促使他们连续、重复购买,利用顾客的间接宣传和辐射作用,争取更多的新顾客。

实训项目

学生以小组为单位,互换角色扮演销售人员和顾客,进行人员推销模拟训练。组内进行分析点评,总结归纳人员推销的要点。

三、营业推广

(一)营业推广的概念

营业推广也叫销售促进,是在短期内采取一些刺激性的手段(如赠券、折扣等)来鼓励消费者购买的一种营销活动。营业推广可以使消费者产生强烈的、即时的反应,从而提高产品的销售量。但这种方式通常只在短期内有效,如果时间过长或过于频繁,很容易引起消费者的疑虑和不信任。

(二)营业推广的形式

(1)面向旅游消费者的推广方式包括赠送优惠券、赠送礼品、免费试用、额外服务、临时降价等。

(2)面向中间商的推广方式包括销售折扣、津贴或补贴(广告津贴、宣传册津贴、陈列窗津贴等)、展销、推销奖金、合作广告、招待会/联谊活动等。

(3)面向销售人员的推广方式包括奖金、奖励旅游、奖品、销售竞赛等。

(三)营业推广的实施步骤

1. 确立旅游营业推广目标

旅游营业推广的具体目标要根据目标市场来确定,针对不同类型的目标市场拟定不同的目标。例如,针对旅游消费者而言,目标可以确定为鼓励老顾客重复购买旅游产品,吸引潜在消费者使用等;针对旅游中间商,目标可以确定为促使中间商持续地经营本企业的旅游产品和服务,提高购买水平和增加短期销售额等;针对旅游营销人员,目标可以确定为鼓励营销人员大力推销旅游新产品和服务,刺激非季节性销售和寻找更多的潜在旅游者等。通过一期营业推广,对于景区来说,应该吸引多少游客到访?对于酒店来说,应实现多少客房的销量?

2. 选择旅游营业推广方法

根据不同目标市场的需求特点,分析和挑选最具吸引力的激励措施,并计算这些措施的成本。

3. 制定旅游营业推广方案

营业推广方案是旅游企业营业推广活动的具体安排,包括营业推广的规模和强度、对象、途径、时间和费用等内容。

4. 方案的实施与控制

旅游营业推广方案制定后必须按计划实施,并在实施过程中有效控制,及时解决出现的问题,并做出相应的调整。

5. 旅游营业推广效果评估

营业推广效果评估最常用的做法有两种。

(1) 销售效果评价,即通过比较该期活动开展前后产品销量的变化,分析和评价该期销售促进活动的效果。

(2) 传播效果评价,即通过开展市场调研,了解有多大比例的消费者能够记得该活动、他们对该活动的看法如何、有多大比例的消费者从活动中受益,等等。然后评价营业推广活动对这些目标人群日后消费行为的影响。

四、公共关系

(一) 公共关系的概念

公共关系有时也称公众关系,是指企业利用各种公共媒体开展的各种信息传播活动。旅游公共关系是旅游企业以社会公众为对象,通过信息沟通,树立旅游企业和产品的良好形象,发展与社会公众之间的良好关系,以营造出对企业有利的经营环境和经营态势的一系列措施和行动。

公共关系活动(简称公关活动)一般是通过不付费的公共报道来传播,传播的信息带有新闻性,因而给消费者的一般感觉是权威的、公正可靠的,消费者比较容易相信和接受,但这种方式不如其他方式见效快。

(二) 公关活动的作用

作为一种营销传播方式,公关活动的主要目的是通过影响某些具有影响力的社会公众对旅游企业/旅游目的地的态度或看法,利用第三方发布信息,帮助或促进企业或旅游目的地树立良好形象,赢得市场声誉。在战术性营销层面上,公关活动的作用与广告的作用基本类似,相同点如下:①两者都属于企业的对外营销传播活动;②两者都在树立和提升旅游企业/旅游目的地/旅游产品的形象和声誉。

区别在于:①广告的目的在于刺激市场需求并实现产品销售,而公关则重在建立并维持旅游企业/旅游目的地的形象、内涵、责任感,让公众从不了解到了解,从了解到喜欢,从喜欢到爱上这个旅游企业/旅游目的地;②广告的活动对象是产品的目标消费者,而公关活动面对的对象(公众)是有影响力的社会各界重要人士和社会名流。

(三) 公关活动的方式

旅游业常用的公关活动开展方式包括:①向新闻媒体提供旅游企业/旅游目的地有关的新闻稿、宣传片、照片等;②举办有关旅游企业/旅游目的地的新闻发布会;③邀请新闻媒体、旅游中间商、专栏记者、旅游大V、知名博主等来旅游企业/旅游目的地参观、考察,作为回报,上述媒体会在一定时期内在有影响力的媒体上刊发一定数量的专栏文章,发布游记或体验评价,以影响大众;④邀请社会名流或重要人士光顾旅游企业/旅游目的地,以吸引新闻媒体报道;⑤承办有影响力的大型活动,以吸引新闻界报道;⑥提供赞助,如赞助体育赛事、节庆活动、综艺节目,关爱弱势群体,爱心助学等,以提升企业的社会责任感和美誉度。

同步案例　中国赛道　大美马山

同步案例　红花餐馆的成功之路

1935年,洛奇先生在日本开了一家餐馆,取名为红花餐馆。1959年,他的儿子小洛奇来到美国,几年后继承父业,在曼哈顿也开了一家只有40个座位的红花餐馆。红花餐馆采用地道的日本乡村店铺风格,又由日本厨师面对客人进行烹调,由于独有的风格再加上小洛奇成功的经营,红花餐馆非常成功,小洛奇很快就开了另外三家红花餐馆,每年盈利130万美元,到1970年他已经拥有七家联营餐馆。

小洛奇经营红花餐馆的秘诀除了把握特色、加强管理和降低成本以外,还有广告宣传和公关。他在促销方面投入了可观的人力、物力和财力资源,广告费用占营业额的8%—10%。负责促销的董事格仑·西蒙也是擅长营销的。他善于别出心裁,从不在报纸娱乐版登广告,因为那里广告太多,易被其他类型的广告和其他餐厅的广告干扰冲击,而失去吸引力,不能使消费者记忆;他选择采用视像广告,配合新颖生动的说明词,引人入胜。他进行了大量的市场调查工作,弄清顾客的消费动机和需求,以及购买特征等,在《纽约时报》《纽约杂志》以及《妇女服饰》等报刊上做大量广告,虽无"餐馆"二字,却使红花餐馆拥有了很大的知名度。

格仑认为,他的工作就是"保卫公司的形象",认为公司的形象应是"一家迅速成长的具有动力的日本餐馆集团公司"。他认为,广告的目的不在于增加"红花"出现的次数和与人们接触的基础,而是"这些广告宣传工作,有的目的和结果是把客人吸引到餐馆来,有的则为我们带来了可能的财务利益,或物品,或朋友,或其他"。

事实证明,每天的印刷出版物、电台或电视上都有"日本红花"的宣传,这是了不起的。他们采取多种方式,如在超市表演,为庆祝活动提供饮食服务,招待青年人团体用餐,给会议客人赠送火柴盒,向女士俱乐部赠送东方筷子,给公关宣传人士和专栏作家酬劳,安排小洛奇接受记者采访……格仑认为这种投资是值得的,不可少的。红花餐馆每年为此付出100万美元,加上开发公共关系的50万美元,宣传与公关的费用达到营业额的8%以上。为此,一位曾持怀疑态度的作家心悦诚服地说:"至少有25个原因使人们喜欢到日本红花餐馆用餐。"他后来列举了31个原因,其中就包括"经常有兴高采烈的公关联谊活动"和"非同寻常的广告宣传及概念"。

问题:
1. 红花餐馆为什么会获得成功?
2. 分析红花餐馆的促销行为。

第三节 旅游促销组合的影响因素

旅游企业在选择旅游产品促销组合时主要应注意两个方面的内容:第一,选择哪几种促销方式;第二,如何组织这些促销方式实现促销效果最佳。为此,旅游企业在决策时必须考虑以下影响因素。

一、促销目标

明确促销目标是制定促销预算、选择促销方式及设计促销组合的前提条件。旅游企业的促销目标不同时,要采取的促销组合往往也不同。当促销目标为树立企业形象,提高产品知名度时,促销重点应放在广告上,同时辅以公共关系与企业形象的宣传;当促销目标是让消费者充分了解产品的性能和使用方法时,人员推销或现场展示是好办法;当促销目标为在近期内迅速增加销售额时,营业推广最能立竿见影,当然也要辅以一些人员推销和适量的广告。

二、促销方式的特点

各种促销方式的特点是不同的,适用性也不同,旅游企业采用营销组合时必须以此为依据。广告、人员推销、营业推广、公共关系四种促销方式的特点比较如表9-2所示。

表9-2 四种促销方式的特点比较

项 目	广 告	人员推销	营业推广	公共关系
沟通方式	间接的	直接的	一般为间接的	一般为间接的
对信息的控制能力	低	高	较低	较低
信息反馈的速度	慢	快	较慢	较慢
信息反馈的数量	一般没有	多	较少	一般没有
信息流向	单向的	双向的,交互的	单向为主	单向的
受众接收信息的速度	快	慢	较快	快

三、产品类型

对不同类型的旅游产品,消费者往往有不同的要求,旅游企业所选择的促销手段也应有所不同。例如,价格昂贵、购买风险较大的旅游产品,旅游消费者往往不满足于一般广告所提供的信息,倾向于理性购买,希望能得到更为直接可靠的信息来源。对于这类产品,人员推销、公共关系往往就是重要的促销手段。而对于购买频繁、价值不高以及季节性较强的旅游产品,旅游消费者倾向于品牌偏好,因而选择广告为此时的促销手段,其效果也就较为突出,如一些民俗节日旅游、餐饮产品等。

四、促销策略

按照旅游企业促销力量的方向,可把旅游企业促销策略从总体上分为推动策略与拉引策略两类(见图9-1)。推动策略,就是以中间商为主要促销对象,通过中间商把旅游产品最终推荐给旅游者;拉引策略则与推动策略相反,是以旅游者为主要促销对象,通过调动、诱发旅游者的欲望和需要,使旅游者产生需求,进而向零售商要求购买该产品,零售商则向批发商要求购买该产品,促使批发商向旅游生产企业要求购买该产品,最终促进旅游产品的生产、供应。因而,采用推动策略的旅游企业和产品,往往人员推销的效果和作用较为明显;若采用拉引策略,则广告的效果更突出些。

推动策略:旅游供应商积极促销 ——→ 中间商积极促销 ——→ 旅游消费者
拉引策略:旅游供应商对旅游消费者展开促销 ——→ 中间商批量预订 ——→ 旅游消费者

图9-1　推动策略与拉引策略

五、产品生命周期

在旅游产品生命周期的不同阶段,由于促销的重点不同,旅游企业所选择的促销手段也应有所不同。

(一)投入期

在投入期,扩大产品的知名度是旅游企业的主要任务。在此阶段,旅游企业应采用广告及公共关系促进顾客对旅游产品的了解,或采用营业推广作为辅助手段吸引旅游者购买。

(二)成长期

在成长期,旅游企业促销的重点是宣传特色产品,扩大市场占有率,因而此阶段旅游企业要充分调动各方促销力量的积极性,发挥多种促销手段的作用,除广告外,还可利用公共关系、人员推销等手段。

(三)成熟期

在成熟期,旅游企业促销的重点是稳定客源,吸引潜在客源,以巩固产品的市场地位。此阶段,由于广大旅游消费者对旅游产品已有一定的了解,因而旅游企业可适当减少广告,增强人员推销,更新广告,配合营业推广等手段,以保障和增强旅游企业的市场竞争力。

（四）衰退期

此时期在正常情况下，旅游企业的营销战略重点已发生转移，对于尚且剩余的产品，促销重点是保留老顾客，促进新顾客购买。此阶段，旅游企业针对老顾客保留提示性广告，采用营业推广吸引新游客购买，以求迅速销售完产品，回收资金，投入新的旅游产品的生产、经营。

六、市场营销环境

旅游企业的市场营销环境在一定程度上会影响旅游企业促销手段的选择和运用。一方面，这种市场营销环境的某些情况会制约促销手段的选择，如目标市场所在地的有关政策、法令客观上会限制大众媒体的信息传播，当地消费者对促销手段接触的有限性等。另一方面，市场营销环境的某些条件、机会又会促进旅游企业市场促销手段的选择和运用，如某些重大社会事件的发生、大型社会活动的举办等。因而，旅游企业促销手段的选择和运用必须充分考虑与市场营销环境的相互适应性，才能获得事半功倍的明显促销效果。但是，要客观地看到，旅游产品从形态、形成、管理等方面与一般物质性产品相比有着明显的区别，因而不仅要科学、合理、有效地选择和运用促销手段，还必须充分熟悉和把握旅游产品的特征。旅游产品的主要特征有以下几个方面。

（1）旅游产品的无形性增加了选择的难度，这是因为消费者在选择旅游产品前不能测试、触摸或试用。

（2）旅游产品生产和服务的同时性使地理位置显得特别重要，并限制了消费者对可选择的服务进行挑选，在一个特定地区旅游产品营销渠道的数目可能受到限制。

（3）旅游产品的短暂性增加了企业的财务风险，并且因为旅游产品的不可储存性而增加了需求量问题。

（4）生产的多变性使旅游产品很难预测和控制。这是因为旅游产品的无形性和同时性使得旅游产品常常受到提供服务人员的情绪、个人特性和性格的影响。

（5）旅游产品模仿的方便性使竞争者模仿一项旅游产品比创造一项旅游产品更快，因为几乎不存在进入市场的壁垒。

七、促销费用预算

旅游企业开展促销活动，必然需要支付一定的费用，而企业用于促销的费用总是有限的。因此，在满足促销目标的前提下，要力求做到效果好而费用低。企业确定的促销预算应是企业有能力负担的，并且是能够适应竞争需要的。

第四节　促销活动实施步骤及促销效果评价

一、旅游促销活动的实施步骤

旅游企业营销者在促销活动开展前需要认真分析自身产品的特点，熟悉产品定位，尽可能把握产品在消费者心中的形象,明确促销活动需要向谁传递哪些信息,如何才能有效传递这些信息。旅游促销活动一般包括以下步骤:①确定促销活动的目标受众;②明确促销活动的目的;③确定传递的信息;④确定促销活动的传播媒介;⑤制定促销预算;⑥制定实施方案。

二、促销效果评价

旅游促销活动的效果评价的关键在于促销活动预期达到什么目的?能否达到这一目的即事前效果评价,是否达到目的即事后效果评价。

(一)事前效果评价

事前效果评价首先是对信息内容和创意技能进行有效性评价,常用的方法是中心组座谈。其次是对拟用的传播渠道进行评价,通常会测评有关媒体的受众范围,如报纸的读者规模、电视节目的收视人数或收视率、平均千人费用等。

(二)事后效果评价

事后效果评价主要包括以下四个方面。

(1)通过组织消费者进行记忆测试,了解消费者获取促销信息的渠道。

(2)测评企业或旅游目的地在目标市场的知名度的变化情况。

(3)测评消费者对旅游产品/旅游目的地态度变化的情况。

(4)测评促销活动开展前后产品销量的变化情况,以掌握促销活动对产品销量的影响程度。

本章小结

本章对旅游促销的概念、作用,促销的方式,促销组合策略,促销组合的影响因素,促销效果评价等诸多内容进行了介绍。旅游促销的实质就是传播沟通,只有掌握旅游促销组合策略中广告、人员推销、营业推广、公共关系各自的特点和实施步骤,才能够通过实训将理论活学活用。

关键概念

促销(promotion)　　　　　　　　促销组合(promotion mix)
销售促进(sales promotion)　　　　广告(advertising)
人员推销(personal selling)　　　　公共关系(public relationship)

复习思考

1. 旅游促销的概念是什么?
2. 旅游促销组合包括什么?
3. 旅游广告与公共关系的异同点是什么?
4. 营业推广的实施步骤是什么?
5. 企业在选择旅游促销时应考虑的因素有哪些?
6. 运用相关知识分析一下企业如何开展旅游促销。

可口可乐的交叉营销

在美国一篇论述交叉营销的文章中,曾经引述这样一个案例。

1982年,导演斯皮尔伯格(Steven Spielberg)虽不像今天这样大红大紫,但在好莱坞已经颇有名气,在接拍电影《外星人》时,出于工作需要(拉赞助,压缩成本),他首先找到了M&Ms公司,并问公司领导,如果他不仅安排"外星人"在电影中吃M&Ms食品,还给一定的镜头,公司愿意出多少钱?"吃我的,还要我倒给钱?"M&Ms公司领导一口回绝了斯皮尔伯格的方案,甚至还觉得很受侮辱。离开M&Ms,斯皮尔伯格转头就去找赫尔希食品公司(Hershey Foods),除了食品名称由M&Ms换成赫尔希食品的Reese's Pieces之外,方案未做任何变动。与M&Ms公司领导的愤怒截然相反,赫尔希食品公司的领导欣然应允。结果,随着电影的放映,Reese's Pieces的销售量直线上升。此事至今仍被传为美谈,被列为广告商与电影人合作的经典案例。

时至今日,虽然生产商与电影厂商之间的赞助式合作仍很流行,但这种方式已经有些初级,尤其是与可口可乐等营销大师相比。M&Ms就更不用说了,它的营销水平比可口可乐落后不止50年。可口可乐公司不仅早就玩过赞助式营销,还将这种手法不断升级,成为交叉营销,甚至全球独家交叉营销。不仅如此,可口可乐的交叉营销伙伴也早已不再局限于电影公司。

可口可乐与电影

如果翻看可口可乐的广告史,你会发现,早在20世纪30年代,可口可乐就已经看好电影的影响力,经常把一箱箱可口可乐运到电影片场,希望导演在电影中为可口可乐安排镜头。作为交换的条件,可口可乐不仅免费供应一部分可乐,还会通过自己的海报、广告与分销商等协助宣传影片。如此一来,电影公司为可口可乐宣传饮料,而可口可乐反过来又为电影公司宣传电影,这就是后来所谓交叉营销的萌芽。

因为所谓交叉营销,就是双方面向共同的客户群体,利用同一个载体,在宣传自有产品的同时,也使对方的产品得到宣传,从而达到事半功倍的效果。Labatt 公司营销主任布伦达说:"如果一个产品在电影中出现,再稍微配合一点情节,其产品在目标客户群中,公信度会大大提高,宣传力度也远非普通的电视广告所能比。"从 1930 年开始,可口可乐对电影的运用越来越深入,与电影公司的关系也越来越密切。从那时起,可口可乐不仅出现在无数影片中,还与很多电影公司发展成"生死之交"。1982 年,可口可乐更进一步,收购了当时处于困境中的著名电影公司哥伦比亚(Columbia)。直到 1989 年将哥伦比亚电影公司出售给日本索尼公司,可口可乐直接经营电影公司长达 8 年之久。在此期间,电影与可乐同为一家公司的两个部门,交叉营销起来,自然得天独厚。在哥伦比亚电影公司制作的一系列影片中,只要有可能,可口可乐都会获得很高的上镜率。1989 年的著名喜剧片《谁被踩躏》(Who's Harry Crumb)中,到处都是可口可乐,差点变成可口可乐的广告宣传片。

哈利·波特案

进入 20 世纪 90 年代,虽然可口可乐公司不再拥有专门的电影公司,但仍是好莱坞的常客。公司每年都要搜集几十个甚至上百个电影剧本,寻找交叉营销的机会。

仅 2001 年,可口可乐公司就参与 6 部电影,进行赞助或交叉营销。它们分别是《重建人生》(Life As A House)、《迈克斯·基伯的壮举》(Max Keeble's Big Move)、《缘分天注定》(Serendipity)、《玻璃屋》(The Glass House)、《亡命夺宝》(Rat Race),以及《泡泡男孩》(Bubble Boy)。

在这些影片中,有些是可口可乐出现在演员们出入的消费场所,有些是带有一些简单的情节设计,而且这些场景与情节对年轻人今后选择可口可乐有很好的引导作用。当然,作为交叉营销的回报,可口可乐会向电影公司支付一定的费用,可能还会利用自己的广告渠道为对方宣传。

迄今为止,可口可乐与电影公司最大的一笔交叉营销案当属《哈利·波特》(Harry Potter),同时,此案也创下好莱坞广告商与电影公司之间交叉营销协议金额的新纪录。

1996 年,《哈利·波特》系列第一本《哈利·波特与魔法石》问世,大受欢迎,销售数字直线上升,很快从几百本增长到几十万本,并成为英国当年最畅销的小说。随着第二、第三本的出版,《哈利·波特》更是一发不可收,成为全球最畅销的儿童文学作品,尤其是在青少年中,掀起一股《哈利·波特》狂潮。

《哈利·波特》的读者群正是可口可乐的第一目标客户群,如果能让哈利·波特成为可口可乐的形象大使,真是再理想不过了。于是,从小说出版之后,可口可乐公司一直关注《哈利·波特》电影。

1999 年,时代华纳正式获得《哈利·波特》电影版权与特许经营权,可口可乐马上找上门来。对于《哈利·波特》,可口可乐不仅要成为时代华纳公司的交叉营销伙伴,还要成为其独家交叉营销伙伴,最终以 1.5 亿美元的创纪录价格,从时代华纳手中买断《哈利·波特》的独家营销权,而不再像其他影片一样,与福特、百事可乐、麦当劳等多家公司合作,一部电影有多个交叉营销伙伴。

据说，按照可口可乐公司的设计，电影中不仅可能出现哈利·波特及他的小伙伴们喝可口可乐的场景，还可能由哈利·波特发明可乐。但是，可口可乐公司的创意不仅遭到小说作者罗琳的强烈反对，而且很多非政府组织及非营利机构也都表示反对，甚至还成立了拯救哈利网站。虽然在渗透电影情节方面，可口可乐未能如愿，但公司仍然收获不小，哈利·波特的笑脸，以及电影中的各个人物、场景都可以为可口可乐所用，出现在可口可乐瓶、可口可乐罐上，或者可口可乐各种广告画面中。

可口可乐与餐馆

可口可乐公司与各种餐馆打交道由来已久，早在20世纪50年代，甚至更早，可口可乐就已经将餐馆作为其重要的营销对象。经过几十年的发展，可口可乐在全球各个角落都找到了"伙伴"餐馆，不仅请其代销可口可乐、雪碧等可口可乐公司产品，还不断发展关系，将重点餐馆从饮料代理升级为交叉营销伙伴。有些是可口可乐主动与餐馆合作，有些则是餐馆主动找上门来，要与可口可乐成为交叉营销伙伴，因为这能非常有效地提高品牌认知度。

比如，1998年，Orion食品系统公司开展大规模营销活动，其中很重要的一步就是与可口可乐建立交叉营销关系。Orion食品系统是一家快餐连锁店，仅在明尼苏达州就有200多家分店，但整体品牌认知度还不够高。可口可乐欣然应允，不仅帮助Orion食品系统公司进行餐饮区设计，还特地制作一些8英尺(1英尺＝0.3048米)高的可口可乐杯，联合推出买比萨送可乐活动。这一活动前后持续两年，不仅让可口可乐销售量增加，而且Orion食品系统的两种比萨也成为当地人熟知的品牌。

在与餐馆合作方面，一个成功案例当属瓦芙屋(Waffle House)。

瓦芙屋成立于1955年，经过50年发展，瓦芙屋已成为美国较著名的连锁餐馆之一。从1955年第一家餐馆营业之日起，可口可乐与瓦芙屋就一直是合作伙伴。所以，在瓦芙屋成立50周年，也是两家公司"建交"50周年，两家公司联手，进行了一场精彩的交叉营销活动。据报道，从2005年6月1日到8月31日，瓦芙屋举办50周年纪念展，而展厅就在可口可乐世界馆里。可口可乐世界馆于1990年建成开放，放有从1886年起的各种可口可乐瓶、海报、T恤衫等相关产品，其中"文物"级的用品就有1200件左右，是可口可乐纪念品最多、最集中的地方，开馆以来，已经接待参观者1300多万人次。此次用可口可乐世界馆纪念瓦芙屋50周年，既节约瓦芙屋的宣传成本，增加品牌知名度，又让可口可乐馆增加一个亮点。既能为可口可乐吸引普通消费者，也能为可口可乐吸引潜在合作伙伴，真是一举多得。

"三角恋爱"

提到交叉营销，尤其是提到可口可乐与电影公司及餐馆的合作，不能不提三位顶级"营销大师"，即可口可乐、迪士尼与麦当劳之间的"三角恋爱"。三家之间的"恋爱"，当然以每两家之间的关系为基础。

自从20世纪50年代，麦当劳之父雷·克罗克(Ray Kroc)说服可口可乐经理人温迪(Waddy Pratt)之日起，两家公司的关系就一直非常亲密，并且不断深入。多年来，可口可乐早已不仅仅向麦当劳提供可乐，它还主动帮助这位最大的客户在全球开店，开辟市场，甚至参与店面设计，进行银行业务及设备方面的合作。而麦当劳也很够意思，一直在饮料方面保持可口可乐的独家地位。甚至当可口可乐公司主席罗伯特（Robert Goizueta）去世时，全球各个麦当劳店都降半旗致哀。麦当劳与迪士尼的关系也是非同一般，几十年来，迪士尼授权麦当劳利用它的卡通形象提供玩具，麦当劳则通过玩具与广告，进一步宣传迪士尼。麦当劳几乎就是一个"迪士尼世界"餐馆，在这里，电影、玩具与巨无霸三位一体，一起吸引孩子们。

到20世纪90年代，麦当劳更与迪士尼签订了一份10年协议，在前述合作的基础上，每一部迪士尼新电影，都将成为麦当劳3万家连锁店"幸福快餐"的独家广告。这一协议，使迪士尼成为麦当劳的内容提供商，而麦当劳成为迪士尼的广告代理商。可口可乐没有像麦当劳一样，与迪士尼签署10年协议，被称作"三角恋"中最薄弱的一环，但两者之间的关系也非一般合作伙伴所能比。自从1955年以来，可口可乐一直是迪士尼主题公园软饮料的独家提供商。从1985年以来，两家一直保持营销同盟关系，可口可乐借用迪士尼的卡通形象推销可乐，同时也帮助迪士尼开拓海外市场。用可口可乐前任CEO道格拉斯的话说，双方仅凭"共识与信任"已经足够，无需书面协议。

经过几十年的合作，三家公司之间已经你中有我，我中有你。更重要的是，三家在各自领域都是领导者，而且还都是"营销大师"。曾有人建议三家公司CEO进行相互持股，使关系再亲密一些，结果被嗤之以鼻。据说，当合作与信任达到一定程度，持股已成为一种资金浪费。

可口可乐与体育

如果说起可口可乐的体育营销，人们一定非常熟悉，无论是奥运会，还是足球世界杯，可口可乐总是官方赞助商。在1996年亚特兰大奥运会上，可口可乐不仅提供巨额赞助，为奥运会扭亏为盈助一臂之力，而且其广告与营销投入更是高达赞助额的9倍。当然，可口可乐的回报也相当可观，仅1996年一届奥运会，可口可乐就净赚2亿美元。在赞助各种球队与各种球赛的基础上，可口可乐的体育营销不断升级，不再是单纯地以赞助代替广告，而是充分挖掘、创造每一个机会，交叉营销色彩越来越重。可口可乐也是2008年北京奥运会合作伙伴，但它的营销早已启动。2003年8月3日，北京奥组委正式对外公布2008年北京奥运会新会徽，可口可乐成为第一家被授权使用奥运新会徽的公司。就在北京奥组委宣布的当晚，可口可乐宣布，100万罐印有新会徽的可口可乐同步上市。这一批可口可乐都采用精美纪念罐，限量发售，于一个月前秘密生产。

可口可乐与北京奥组委的同步交叉营销，既占尽先机，又捞尽商机，100万罐可口可乐很快被抢购一空，将交叉营销与体育营销结合得相当微妙，让人们对可口可乐的营销技巧大开眼界。

再以可口可乐在英国营销活动为例，由于英国是一个非常崇尚足球的国家，可口可乐就大搞足球营销。在那里，可口可乐不仅赞助俱乐部与球员，还成立可口可乐足球联盟，举办可口可乐锦标赛。不仅如此，可口可乐还与苏格兰第一联盟等共同举办抽奖活动,奖金通常高达数万英镑,获奖者可以将支票捐给自己最心爱的球队、俱乐部或球员。

可口可乐与音乐

除了电影、餐馆、体育、高校四大传统领域之外,可口可乐的交叉营销还不断向新领域延伸,音乐就是其中一块重地。过去,可口可乐在音乐领域的营销以参与音乐盛会冠名,请歌手做广告代言人为主。但从2000年起,可口可乐与音乐的关系越来越密切,营销方式越来越多,手笔越来越大。2000年10月,可口可乐与加拿大两大音乐公司 MyMusic 与 MuchMusic 签署价值超过1.35亿美元的交叉营销协议。MyMusic 是加拿大最大的在线音乐公司,而 MuchMusic 则拥有一支非常著名的乐队。根据该交叉营销协议,在接下来三个月的时间里,可口可乐专门生产一批容量为600毫升的可口可乐、雪碧等,在产品标识下面,藏有价值5美元的代金券。整个活动中,代金券累计总金额达到1.35亿美元,前所未有。这些代金券,既可以用来购买加拿大 MyMusic 网站的任何 CD,还有机会立即获得包括 MuchMusic 公司 Big Shiny Tunes 乐队在内的三场音乐之旅。

可口可乐营销部主管安立森(Alison Lewis)说:"这是可口可乐历史上最大一笔音乐合作,包括加拿大两家顶级音乐公司,以及一家顶级 CD 制作公司。对于这三家公司来说,也是它们历史上规模最大的一次交叉营销。"当时,MyMusic 虽然成立只有9年,但是与可口可乐联手后,它的名字与标识很快出现在2700万瓶可乐产品上。而且由可口可乐平摊一些费用,营销成本并不高。2004年,当数字音乐流行起来时,可口可乐马上与 MusicMatch 建立联盟,交叉营销其雪碧品牌。MusicMatch 是著名的在线音乐公司,到2003年,其下属自动点唱机公司有4500万注册用户,比2002年增长25%。仅2003年,其播放软件就销售近100万套。其下载部每月歌曲销售量超过100万首。除了与在线音乐公司等开展交叉营销之外,可口可乐还与电子公司 SonicBlue 合作,生产联合品牌的数字音频播放器,以博得青少年音乐爱好者的厚爱。

可口可乐与银行

除了金融业务往来之外,对于一般的饮料生产厂家,很难想象其如何与银行在营销方面开展合作,但对于非同一般的可口可乐公司来说,此事并不难。

2002年4月,可口可乐与全球知名的汇丰银行达成协议,两家联手进行交叉营销。如果消费者选择可口可乐饮料,就有机会赢得价值10万美元的汇丰银行在线存款账户。

可口可乐公司事务部经理菲奥纳(Fiona Hamann)说:"除了这个10万美元的超级大奖之外,可口可乐消费者还有机会获得25个价值1000美元的储蓄账户。"

菲奥纳还说:"这次与汇丰银行进行交叉营销,主要得益于我们在爱尔兰的多次营销经验,我们知道消费者不仅喜欢现金,更喜欢马上得到。这对饮料销售是个非常给力的刺激。"

汇丰银行高级营销经理安德鲁(Andrew Carruthers)说,与可口可乐合作,对银行的在线储蓄账户来说是个物美价廉的广告。

其实，可口可乐不仅有在爱尔兰营销的经验，在与汇丰银行合作之前，可口可乐早于1998年就曾与万事达卡进行过规模更大的交叉营销。

1998年4月，可口可乐在美国曾推出可口可乐卡活动，在全美国发售5500万张打折卡，包括可口可乐公司经典饮料打折卡，以及一系列活动与产品打折卡，累计能让消费者节省120亿美元。

在活动进行过程中，可口可乐与万事达卡达成交叉营销协议，在原有打折卡的基础上，再向消费者提供可口可乐-万事达自动取款机现金卡。

为此，可口可乐生产了16亿瓶特殊包装的可口可乐，获奖者可以用可口可乐-万事达自动取款机现金卡到任何一个万事达Cirru自动提款机上，立即提取相应面值的现金。

这一活动持续近10个月，取得巨大成功。

可口可乐与主题公园

对于可口可乐来说，美国上百个主题公园，也都是它志在必得的重要市场，如果营销活动做得成功，这些市场的消费潜力不亚于遍地的餐馆。

除了早在1955年就成为迪士尼主题公园的软饮料独家供应商之外，可口可乐一直在不断培养新的合作伙伴。

最典型的案例就是六旗(Six Flags)主题公园。2002年8月，六旗与可口可乐签署为期10年的协议，正式建立全球独家营销伙伴协议，在28个六旗主题公园中，从2003年1月1日起，可口可乐成为唯一软饮料供应商。六旗CEO说："我们与可口可乐已经有41年合作经验，全球交叉营销协议将使双方的关系进一步升级。"

可口可乐与高校

与主题公园相比，可口可乐在美国各高校的营销更加深入，美国有成千上万所大学，这是个巨大的市场。在可口可乐的努力下，许多高校都将可口可乐列为唯一软饮料供应商。作为回报，可口可乐会向学校提供奖学金、科研经费等。

据统计，从1999年起，可口可乐的营销费用(5.1亿美元)已经远远超过广告支出(3.55亿美元)。而当记者问起可口可乐公司前任CEO道格拉斯(Douglas Ivester)，可口可乐的收入有多大比例来自合作伙伴时，道格拉斯脱口而出：100%。

随着营销形式的不断升级，可口可乐与百事可乐也已经超越广告战与价格战，进入合作伙伴争夺战。

（资料来源：根据《可口可乐的交叉营销》一文整理，http://finance.sina.com.cn/manage/zljy/20050818/15551898609.shtml.）

问题

可口可乐公司的营销案例对你有什么启示？

参考文献
Bibliography

[1] 查尔斯·M.富特雷尔.销售学基础(第10版)[M].大连:东北财经大学出版社,2011.
[2] 菲利普·科特勒,约翰·T.保文,詹姆斯·C.迈肯斯.旅游市场营销(第5版)[M].谢艳君,译.大连:东北财经大学出版社,2011.
[3] 曲颖,李天元.旅游市场营销(第2版)[M].北京:中国人民大学出版社,2018.
[4] 李学芝,宋素红.旅游市场营销与策划:理论、实务、案例、实训(第3版)[M].大连:东北财经大学出版社,2018.
[5] 菲利普·科特勒,凯文·莱恩·凯勒.营销管理(第15版)[M].何佳讯,于洪彦,牛永革,等,译.上海:格致出版社,2016.
[6] 龙雨萍.旅游市场营销理论与实务[M].武汉:华中科技大学出版社,2019.
[7] 吴建安.市场营销学(精编版)[M].北京:高等教育出版社,2012.
[8] 阳翼.大数据营销[M].北京:中国人民大学出版社,2017.
[9] 杨路明,等.旅游电子商务:理论及应用[M].北京:化学工业出版社,2015.
[10] 《销售与市场》杂志.营销的力量:中国营销25道原力与创新[M].北京:机械工业出版社,2020.
[11] 孙九霞,陈钢华.旅游消费者行为学[M].大连:东北财经大学出版社,2015.
[12] 朱承强,曾琳.现代酒店营销实务[M].武汉:华中科技大学出版社,2016.
[13] 鲁峰.旅游市场营销学[M].北京:中国科学技术出版社,2008.
[14] 董倩,张荣娟.旅游市场营销实务[M].北京:北京理工大学出版社,2018.
[15] 杨艳蓉.旅游市场营销与实务[M].北京:北京理工大学出版社,2016.
[16] 雍天荣.旅游市场营销[M].北京:对外经济贸易大学出版社,2008.
[17] 陈国柱.旅游市场营销学[M].天津:天津大学出版社,2010.
[18] 孟韬.市场营销策划(第4版)[M].大连:东北财经大学出版社,2018.

教学支持说明

高等院校旅游管理类应用型人才培养"十三五"规划教材系华中科技大学出版社"十三五"规划重点教材。

为了改善教学效果,提高教材的使用效率,满足高校授课教师的教学需求,本套教材备有与纸质教材配套的教学课件(PPT电子教案)和拓展资源(案例库、习题库视频等)。

为保证本教学课件及相关教学资料仅为教材使用者所得,我们将向使用本套教材的高校授课教师免费赠送教学课件或者相关教学资料,烦请授课教师通过电话、邮件或加入旅游专家俱乐部QQ群等方式与我们联系,获取"教学课件资源申请表"文档并认真准确填写后发给我们,我们的联系方式如下:

地址:湖北省武汉市东湖新技术开发区华工科技园华工园六路

邮编:430223

电话:027-81321911

传真:027-81321917

E-mail:lyzjjlb@163.com

旅游专家俱乐部QQ群号:758712998

旅游专家俱乐部QQ群二维码:

电子资源申请表

填表时间：_____年___月___日

以下内容请教师按实际情况填写，★为必填项。

★姓名		★性别	□男 □女	出生年月		★职务	
						★职称	□教授 □副教授 □讲师 □助教

★学校		★院/系	
★教研室		★专业	
★办公电话		家庭电话		★移动电话	
★E-mail（请填写清晰）				★QQ号/微信号	
★联系地址				★邮编	

★现在主授课程情况	学生人数	教材所属出版社	教材满意度
课程一			□满意 □一般 □不满意
课程二			□满意 □一般 □不满意
课程三			□满意 □一般 □不满意
其 他			□满意 □一般 □不满意

教 材 出 版 信 息					
方向一	□准备写	□写作中	□已成稿	□已出版待修订	□有讲义
方向二	□准备写	□写作中	□已成稿	□已出版待修订	□有讲义
方向三	□准备写	□写作中	□已成稿	□已出版待修订	□有讲义

请教师认真填写表格下列内容，提供索取课件配套教材的相关信息，我社根据每位教师填表信息的完整性、授课情况与索取课件的相关性，以及教材使用的情况赠送教材的配套课件及相关教学资源。

ISBN（书号）	书名	作者	索取课件简要说明	学生人数（如选作教材）
			□教学 □参考	
			□教学 □参考	

★您对与课件配套的纸质教材的意见和建议，希望提供哪些配套教学资源：